U0631979

战争的底层逻辑

战略大师李德·哈特的历史哲学

〔英〕李德·哈特——著

孙芳——译

台海出版社

目　录

李德·哈特

战争是人类最大的蠢行。

前　言

　　我所提供的个人见解如果有任何价值的话，这在相当大的程度上要归功于我本人的运气。尽管我也同大多数人一样需要谋生，但罕见的好运使我能够凭借发掘事实真相来生活，而不是依靠掩盖事实真相；然而太多的人却为工作环境所迫而违逆本心。

　　历史写作的工作异常艰苦——而且也是最累人的工种，与任何其他类型的写作相比而言。正如辛克莱·刘易斯①被年轻人问及成功的秘密时所回答的那样——它需要**"你的板凳工夫要足够长"**。

历史写作还是最令人气恼的工作之一。正当你以为已经破解了一连串证据时，它又纠结成一团新的乱麻。而且，就在你似乎能够盖棺定论时，又很可能会被令人难堪且无情的事实所羁绊或推倒。

那么，回报又有哪些呢？首先，这是一份趣味和刺激不断的工作——就像一个不会完结的侦探故事，你不仅仅是读者，而且还亲身参与其中。

其次，这种持续的练习是对精神关节炎——这是许多刻板工作的职业病——最好的矫正措施。

第三，并且最为关键的是，它在一个**最重要**的方面②受到的职业限制最少。

———————————

① 辛克莱·刘易斯（Sinclair Lewis，1885~1951），美国作家，美国第一位诺贝尔文学奖获得者，主要作品有《大街》《巴比特》《阿罗史密斯》等。1930年，《巴比特》获诺贝尔文学奖。——译者注

② 最重要的方面，意指写作这一行当。——译者注

关于历史写作的另外一点要说明，就是必须用手写，不要口授。随时能够看到前面几段所写下的文字内容，这一点至关重要——既是为了协调，也是为了上下文的关联性。而且，在每一种情形下，也是为了主题和风格。

我想要强调的是历史对于个人的根本价值。正如布克哈特①所说的那样，我们对经验更深层次的期望，"不是使我们（下一次）更加精明，更是要使我们（永久地）更为智慧"。历史教给我们人生的哲学。

两千多年以前，古代历史学家里最为明智的波里比阿②在《历史》一书的开篇即说道："最好的启发教育，

---

① 雅各布·布克哈特（Jacob Burckhardt，1818~1897），瑞士历史学家，主要著作有《君士坦丁大帝时代》《意大利文艺复兴时期的文化》和《希腊文化史》。——译者注

② 波里比阿（Polybius，约前204~前122），古希腊历史学家。著述甚丰，流传至今的仅有《历史》一书，该书是人类最伟大的历史著作之一。波里比阿是其历史著作中许多事件的亲身经历者。——译者注

布克哈特

学习历史不是为了我们下一次更精明，而是为了我们永久地更智慧。

波里比阿

最好的启发教育，莫过于回顾他人的灾难。

莫过于回顾他人的灾难。甚至要想学会如何有尊严地承受命运的沉浮，这也是唯一的途径。"作为事情是如何被搞砸的记录，历史无疑是我们最佳的帮手。

一种着眼于长期的历史观念不仅能够帮助我们在"危难时刻"保持冷静，而且还可以提醒我们，再长的隧道也有终点。即便我们看不到前方有什么希望，但关注历史的未来演变也有助于我们继续生活下去。对于一个有思想的人来说，这种历史观念是对自我毁灭冲动的最有力的阻断机制。

我还要补充的是，对于人类而言，现在唯一的希望就是将我所研究的特殊领域——战争——变成一个纯粹出于兴趣的考古课题。因为，随着核武器的出现，我们要么走向战争的终结——至少就我们所知的历史上国家间大规模的战争而言——要么走向历史的终结。

第一部分

历史与真相

历史的价值

历史的目标是什么？我会相当简要地回答：就是
"真相"。这个词汇和观念已经不再时髦了。但是藐视
抵达历史真相的可能性，其后果比执着不放这种可能
性还要糟糕。

这一目标也许可以更谨慎地表达为：找出曾经发
生了什么，同时试图揭示它们为什么会发生。换句话
说，即寻找事件之间的因果关系。

作为引导路标，历史有其局限性，尽管它能够向
我们指明正确的方向，但却无法提供详细的路况信息。
不过，作为警告性标志，它的消极价值更为确切一些。
即便历史不能教导我们应该做些什么，但通过展示人
类容易一犯再犯的最常见的错误，历史可以指示给我
们应该避免什么。

　　历史的第二个目标是它的实用价值。俾斯麦（Bismarck）曾说："愚人们说他们从经验中学习，而我宁愿从他人的经验中受益。"就这一点而言，研究历史可以为我们提供尽可能广泛的机会。历史是普遍的经验，它无疑比任何个体的经验都更长久、更广泛、更多样化。

　　人们常常基于自己的年龄和经验而自诩智慧超群。中国人尤其敬老，而且认为一位耄耋之年的老人必定比其他人要更加聪明。但是对于研究历史的人来说，八十年并不算什么。只要不是文盲，任何历史研究者的头脑中都累积了三千年以上的经验。

　　波里比阿对第二个目标曾有过高论："人类的变革之路有两条：一条是通过他们自身的不幸遭遇，另外一条则是通过他人的不幸遭遇；前者最为明确无误，后者痛苦则比较少……对实际生活而言，从真实的历史中习得的知识就是最好的教育。"

　　在我自己特殊的研究领域内，这一忠告的实用价值曾给我留下了深刻的印象。通过研究近半个世纪以

俾斯麦

愚人们说他们从经验中学习，而我宁愿从他人的经验中受益。

来的历次战争，我就可以推演出那些在第一次世界大战中让各国总参谋部始料不及的事态发展的主要动向。为什么它们不曾被推演出来呢？部分原因是因为各国参谋总部研究的范围太过狭窄，部分原因是因为他们被自己的专业兴趣和情感所蒙蔽。但是某些可以超然思考的非官方战争研究者却准确地推演出了那些"始料不及"的事态发展，例如波兰银行家布洛赫①，以及法国军事作家马耶尔（Captain Mayer）。

因此，在研究第一次世界大战之后几十年间的军事问题时，我总是试图从历史出发，经由当下进入未来，并做出预测。我知道，我对第二次世界大战中的决定性发展所做出的预测，要更多地归功于这一历史方法的运用，而非我自己的灵感。

————————

① 扬·戈特利布·布洛赫（Jan Gotlib Bloch，1836～1902），波兰银行家、铁路金融家、社会活动家、和平主义者。业余时间致力于现代战争研究，著有《战争的未来》（*The Future of War: in Its Technical, Economic, and Political Relations*）一书，1898年在巴黎出版，在欧洲被广泛阅读和研究。——译者注

布洛赫

　　布洛赫在自己的书中精准预测了第一次世界大战的进程和结果，被业界视为 20 世纪早期的克劳塞维茨。

历史记载着人类的进步和跌倒。历史记录向我们表明，进步是缓慢和微小的，而跌倒则快速且繁多。它为我们提供了一个机会，可以从前人的失足和跌倒中受益。意识到自身的缺点，我们就不会轻易地谴责过去那些犯了错误的人，而如果我们未能认清错误，则受谴责的就应该是我们自己。

当前一个普遍的倾向是将历史视为专业化的学科，这就大错特错了。因为，恰恰相反，历史是对所有专业化的根本性矫正。可以说，历史是内容最广泛的研究，它包含了生活中的各个方面。它通过指出人类是如何重复犯错以及那些错误是什么，来奠定教育的基础。

军事史的重要性

八十年前[1]，约翰·理查德·格林[2]在其历史畅销书《英国人民史》（*A History of the English People*）中这样表述道："在欧洲国家的真实故事中，战争仅仅起了很小的作用，而在英格兰，它的作用比在任何其他国家都要小。"这真是一个与历史相悖的惊人说法。在今天看来，它的讽刺意味引人侧目。

这一观点也许导致了之后我们所遇到的某些困难。在最近的几代人中，尽管所有其他知识领域的研

---

[1]　指1880年。——译者注

[2]　约翰·理查德·格林（John Richard Green，1837~1883），英国牧师和历史学家，他另外还著有《英格兰的形成》和《英格兰的征服》。——译者注

约翰·格林

格林认为战争对国家的影响较小，这与东方的孙武看法相反。类似的观点认为，事物的发展不受个体和偶然事件影响；"将军和国王们"并不重要，他们的争吵干扰不到历史潮流的涌动。

究都有了长足的进展，但对于战争的系统性研究在大学里受到的关注却极少，从政府方面获得的资助也少得可怜。

大学对战争研究的忽视跟进化史观和经济决定论的流行有着密切的关系。这种观点倾向于认为，事物的发展不受个体和偶然事件影响；"将军和国王们"并不重要，他们的争吵干扰不到历史潮流的涌动。

这其中的荒谬显而易见。如果波斯人征服了希腊，如果汉尼拔占领了罗马，如果恺撒不愿跨过卢比孔河①，如果拿破仑在土伦阵亡，谁能相信世界历史还会

---

① 卢比孔河（Rubicon），意大利北部河流。罗马共和国时期的法律规定，在外征战的任何将领不得带兵渡过卢比孔河南下。公元前49年，恺撒率军渡过此河进入罗马，击败了当时的执政者，大权独揽。渡过卢比孔河标志着罗马共和国向罗马帝国的转型。——译者注

一成不变？如果诺曼底公爵威廉在黑斯廷斯战役[①]中被击败，或者——就在不久前——如果希特勒抵达了多佛而不是留在敦刻尔克，谁能相信英国的历史不会受到影响？

这些重大事件，即改变历史的"意外"，不胜枚举。但是在所有造成历史进程突变的因素中，战争是偶然性最少的一种。

实际上，在那些最能影响历史进程的战争中，理智的作用要远远大于运气。创造性思维往往比勇气甚至是天才的领导更重要。将其归因于战斗中的灵光一现是一种不切实际的习惯，而比较接近事实的是它来自于很久以前就撒播下的种子，例如获胜的一方对新的军事技能的应用，或者是战败一方本可以避免的军事技能的衰退。

———————

① 1066 年 10 月 14 日，诺曼底公爵威廉在黑斯廷斯战役中击败了当时的英王哈罗德，入主伦敦，开创了诺曼底王朝，史称威廉一世。——译者注

与那些从事其他职业的人不同，"常规"军人并不能定期地履行他的职责。甚至可能有人争辩说，从字面意义上讲，军人根本就不是一种职业，而仅仅是"临时雇佣"——而且，自相矛盾的是，当不打仗也领薪的正规军取代了为了战争的目的而招募和付酬的雇佣军之后，军人就不再是一种职业。

如果说就工作这一角度而言，严格来讲"职业军人"并不存在，当今大多数的军队也不适用这个说法。但在实践中，这一观点却得到了强化，因为与过去相比，现代大型战争的次数虽然减少了，但规模却更大。而在和平时期，即便是最到位的训练跟战争的实践相比，也只是纸上谈兵。

但是上述经常被人引用的俾斯麦名言对此给出了不同的且较为鼓舞士气的观点。它使我们认识到存在着两种实践经验——直接的和间接的——而这两者之中，间接的实践经验可能更有价值，因为它无疑是更为广泛的。即便是在最为活跃的职业生涯中——尤其是士兵的——获得直接经验的机会和可能性也极其有限。与军事正相反，医疗行业有着持续不断的实践机会。然而，医药和外科医学的巨大进步也要更多地归功于科学家和研究人员，而不是执业医师。

在本质上，直接经验过于狭隘，以至于无法形成充分的理论及应用基础。充其量，它们只能制造一种僵化思维的环境。而间接经验的更大价值在于它们的多样性和广泛度。"历史是普遍的经验"，它不是某个人的经验，而是许许多多人在各种条件下的经验。

军事史在士兵的训练和心智发展中具有重要的实践价值，这也是它作为军事教育基础的合理解释。但是，与所有经验一样，其效果有赖于它的广度、它与上述定义的契合程度，以及研究方法。

军人们一般认为，拿破仑那句经常被引用的格言中包含着普遍的真理：在战争中，"精神的作用是物质的三倍"。实际的算术比例也许没有意义，因为如果武器不足，士气就容易低落，而再强大的意志放在死人

拿破仑

　　拿破仑认为，在战争中，"精神的作用是物质的三倍"。精神因素常常改变战争和战役的结果。

身上也毫无用处。然而，尽管精神和物质因素是不可分割的，这句话却经久不衰，因为它揭示了精神因素在军事决策中的主导作用。

　　精神因素常常改变了战争和战役的结果。在战争史上，它们构成了更为恒定的因素，只是程度有所变化，而几乎每一场战争和军情中的物质因素都不一样。

历史的探索

不过，历史的益处在于它视野宽广，而这又有赖于对历史进行广泛的研究。深入挖掘某个片段是一种有价值且必要的训练，它是学会研究历史的唯一途径。但是随着挖掘的深入，借助广泛的测度来确定自己的方位也同样重要，这对正确评估研究成果的意义至关重要，否则就会犯"只见树木不见森林"的错误。

历史的日益专业化往往会降低历史的可理解度，从而丧失掉对于社会的益处，即便对由专业的历史学家所构成的小社群来说也是如此。

对任何历史学家来说，身处世界事务当中并见证历史的发生，都是一种宝贵的经验。其中有相当一部分价值是来自于对偶然因素的认知，例如，肝脏疾病、头脑失灵、一场突然爆发的争吵，或者是午餐时间受到干扰。

具备当前如何形成决策的经验，会有助于我们理解那些过去发生的事。我曾十分有幸近距离见证某些历史片段的发生，而且是在旁观者乐享的超然位置——俗话说，旁观者清。经验告诉我，这通常是一种偶然性的游戏——如果个人的不喜欢、家庭争执或严重的肝脏疾病的重大影响可以算作是偶然因素的话。

通过观察各种委员会的工作，我很早就意识到午餐时间的重要性。在一件事情上已经慎重讨论和仔细权衡了两个多小时，但是最后那十五分钟却比之前所有的时间都重要。十二点四十五时还看不到达成共识的可能，而到了下午一点钟，或许未经争论就做出了重大决定——因为那些委员会成员的注意力都转移到了他们的手表指针上。这些转动的指针能够显著地提升大脑的运转速度，到了可以当机立断的程度。在任何委员会当中，较有势力的成员总是更可能有午餐约会要赴，而越是重要的委员会越容易发生这种偶发情况。

精明的委员会成员常常在这种时间算计的基础上

发展出一种技巧。他会在临近午餐时间时才介入讨论，此时大部分与会者会倾向于接受任何还说得过去的提议，好去赶赴他们的午餐约会。有时，他会等待足够长的时间，以确保那些可怕的对手不得不在投票前一个个地走掉。拿破仑曾说，军队是靠胃来行军的。根据我的观察，我很想再补充一条："历史是由政治家的胃推动的。"

这一观察不仅针对时间的概念。日本人认为勇气就位于胃部。军事历史上有大量证据表明，部队的斗志取决于士兵胃部的状态，并随着后者的变化而变化。激情也存在于这个部位。所有这些都显示出正常人的精神和士气对肉体的依赖程度。因此，历史学家从中认识到，那些决定国家命运的大事件，其决策的原因并不是出于均衡的判断，而是来自一时的情绪，以及低级的个人因素。

在"与世隔绝"的历史学家中，另外一个危险是他们通常过于重视档案记录。身居高位的人对他们的历史名誉有着强烈的意识。许多档案都是为了欺骗和隐瞒而写就的。此外，那些决定着事态发展的幕后斗争，却很少被记录在案。

经验也使我对历史的伪造过程有所了解。没有什么比历史文档更能骗人了，历史文档经过窜改，其结果还不如丝袜透明。这就是 1914—1918 年战争作为历史学家训练场的价值所在。各国政府开放了它们的档案馆，政治家和将军们也不再缄默，及时地用其他目击者的亲身观察来核对他们的记录。此类工作做了二十年之后，单纯的档案历史在我看来就像是神话。

对于那些仍然对历史档案深信不疑的学院派史学家，我经常用一个小故事来教育启发他们。1918 年 3 月，当英军防线被突破而法军前来协防时，一位著名的法军将领来到了某军司令部，威风凛凛地命令部队在当晚据守某条防线，并在第二天一早发起反击。该军指挥官接到命令后大惑不解，喊道："但是这条防线已经在德军后方了啊。您昨天就将它丢掉了。"这位伟大的将领会心一笑，然后说道："这是为了历史的需要。"需要补充的是，在这场战争中的大部分时间里，该将领一直位高权重，那些官方历史后来所依赖的档案都在他的掌控之下。

在官方档案里可以发现很多空白，那些可能会损害指挥官名誉的文件都被抽取出来销毁了；而更难发现的是一些用来调包的伪造文件。大体而言，英国的指挥官们似乎还比较老实，仅仅是销毁文件，或者将命令的日期提前几天。法国人则要狡猾得多。一名将军会根据根本不存在的情况下达命令，从而捍卫了部下的生命和他自己的名誉，因为没有人发动攻击，但是所有人都分享了荣誉，因为这已记录在案。

当我发现一些将领花那么多的时间来为历史学家准备材料时，有时会比较好奇，这场战争到底是怎么打的。如果过去的伟人们——那时的证据更难以检核——也像近代的伟人们一样具有历史感，那么任何早于现代史的东西还能有什么价值？

探索历史是一种令人清醒的经历。美国著名的历史学家亨利·亚当斯（Henry Adams）在回复一封质询信时，曾流露出一种玩世不恭的态度："我写了太多的

亨利·亚当斯

　　探索历史令人清醒，而研究战争史更有利于破除幻觉。亨利·亚当斯半开玩笑地说："如果有人打算和我不一样，我准备表示认可他的说法。"

历史，以至于真的相信它。因此，如果有人打算和我不一样，我准备表示认可他的说法。"研究战争史尤其有助于破除幻觉，即使不是为了适应宣传而故意捏造事实，人们所做证词的可靠性及其总体的准确性也都大有问题。

尽管历史学家发现查明历史的真相非常困难，但他已通过实践培养出看穿假象的能力——这是一个相对容易的任务。关于历史证据，有一项可靠的原则是，自我辩护都值得怀疑，但坦白招认就比较可信。如果有一种说法体现了普遍的真理，那就是"除非亲口供认，否则任何人都不能被定罪"。运用这一检测方法，我们可以对历史以及历史的形成做出明确的判断。

劳合·乔治①常常在谈话中向我强调，有一个特征可以用来区分一流的政治家和二流的政客，那就是前者总是小心地避免做出任何明确的声明，以防日后

---

① 劳合·乔治（David Lloyd George，1863~1945），1916 年至 1922 年间担任英国首相。——译者注

劳合·乔治

一流的政治家总是避免做出任何明确的声明，以防日后被抓到把柄。

遭到批驳，因为假以时日，他总有可能会被抓住把柄。我从劳合·乔治那里得知，他是在 1914 年之前的国会经历中学到了这一课。

历史的处理

越来越多的当代历史学家——例如维罗妮卡·韦奇伍德①——已经证明，优秀的历史作品和良好的阅读体验可以兼得。他们取代了神话作家，使历史重新为人类服务。虽然如此，学术界对文风的怀疑依然存在。这些学究应该好好想一想那句"创作时艰苦，阅读时轻松"的谚语。这种艰难的写作能够促进思考。

清晰地提炼事实远比模糊的描述更为吃力。比起云山雾罩的文字，在直白清晰的语句中更容易发现记述的错误。作者如果不想被抓到错处，他就必须小心

---

① 维罗妮卡·韦奇伍德（Veronica Wedgwood，1910～1997），英国历史学家，著作等身，代表作有《沉默的威廉》《三十年战争》等。——译者注

韦奇伍德

历史既是科学，又是艺术。优秀的历史作品和良好的阅读体验可以兼得。

谨慎。而这种在写作上的谨慎也要求务必慎重地对待史料，并正确地评估它们。

只要能够保持洞察力，进行更为深入的心理分析就是一件好事。同样地，只要能够揭示人物的真实性格，剥开伪装也就是一件好事。但如果用迎合低俗口味的廉价色彩来代替维多利亚时代的油漆，则除了用于推销之外，就没有其他的好处了。

而且，对人物性格的探究容易过头，以至于有将人物的言行表现都隐入幕后的毛病。这无疑会简化传记作者的任务，他们可以不必去了解传主一生工作领域的相关知识。不借助治国理政、戎马生涯、科研道路、文学成就，我们就能够凭空想象出一位著名的政治家、将军、科学家或作家吗？那他们必然看起来平淡乏味、一无所长。

人们经常争论的一个问题是，历史是科学还是艺术？真正的答案似乎是，历史既是科学，又是艺术。历史研究应该具备科学的探究精神，对待史料必须以科学化的审慎态度和力求准确。但是，如果没有想象力和直觉的帮助，就无法解释它们。证据的数量是如此庞大，以至于不可避免地需要做出选择，而有选择的地方就有艺术。

探索要求客观，而选择却是主观的。选择的主观性可以并且应该通过科学的方法和客观性来进行调节。太多的人仅仅是想从历史中寻找材料，以供说教之需，而不是寻求事实以作分析之用。但是分析之后需要再运用艺术，以挖掘出史料背后的意义，并确保它能够为人所知。

在 19 世纪，由兰克①领导的德国历史学派开启了尝试以纯科学方法研究历史的潮流。这一风气也传入了英国的史学界。他们不接受任何总结和归纳，并且认为任何引人入胜的书籍都是可疑的。于是历史开始变得枯燥乏味，而且毫无意义，仅仅成为专家们的研

---

① 利奥波德·冯·兰克（Leopold von Ranke，1795～1886），德国著名历史学家，用科学态度和科学方法研究历史的兰克学派的创始人，近代客观主义历史学派之父。——译者注

利奥波德·兰克

兰克是近代客观主义历史学派之父，开启了以纯科学方法研究历史的潮流。

究对象。

　　于是，新的神话填充了这一空白，它们给人以强烈的刺激，却带来可怕的后果。整个世界因此而受苦，而德国的苦难最甚，因为历史生命力的丧失就肇始于德国。

科学的方法

　　适应不断变化的环境是生存的前提。这取决于简单而根本的态度问题。要应对当今世界的问题，我们首先要认清它们，并对它们进行科学的分析。这要求我们摆脱偏见，而且要具备洞察力和分寸感。必须有能力考虑到所有相关因素，加以公正地权衡，并将它们相互联系起来，我们才有希望得出准确而平衡的判断。

　　洞察力也许是一种天赋——分寸感也是，但免于偏见的自由可以帮助提升这两种能力。这种提升在相当大的程度上取决于希望获得提升的个人，以及实现提升的能力——至少，可以向它靠近。方法也很简单——却未必容易——首先需要经常性地进行自我批判，其次是对精确表述的重视。

不过，比较容易的是找到一种进步且合适的指标，以承担行使判断的责任。如果一个人看到或者听到任何他所感兴趣的事物遭到批评，请留意他的第一个问题，是否与该批评的公平性与真实性相关。如果他对于任何此类批评都带有强烈的情绪，如果他的不满是因为"不得体"或者会带来不良反应——简而言之，只要他所关心的不是"这是真的吗"，那么他的态度就是非科学的。

同样地，如果不是根据其优点而是根据其首倡者来评判一种观点，如果他将某种观点视为"异端邪说"，如果他认为权威必定是正确的——因为权威就是权威，如果他将某项批评视为全盘否定，如果他把意见与事实混为一谈，如果他声称任何意见的表达是"毫无疑问"的，如果他断言某件事"永远不可能"发生，或者任何观点是"必然"正确的，那么他的态度也是非科学的。通往真相的道路是由质疑铺就的，并被客观的探索精神所照亮。主观地看待任何问题都是在自欺欺人。

倘若，过去对战争的研究经常被证明无法为下一次的战争提供有效的指导，这并不意味着战争不适用于科学的研究，而是说明这一研究在精神和方法上还不够科学。

19 世纪和 20 世纪初期的战争持续地揭示了战争的演变趋势，那些权威的军事思想流派居然会对此趋势完全误解，这似乎是不可能的。唯一可能的解释就是，他们对战争的研究是主观的，而非客观的。

但是，即使我们能够减少军人所撰写和讲授的军事史当中的错误，仍然存在着根本性的困难。在战争的压力下，信念对于军人来说至关重要，以至于军事训练要培养无条件服从现行条例的习惯。尽管战斗是对理论最好的检验，然而战斗只占军人生涯的一小部分，军队中有太多的东西足以促使他们变成理论的奴隶。

况且，军人必须有信念能够打败敌人，因此，质疑进攻获胜的可能性——即便是从物质方面考虑——将冒使军人丧失信念的风险。怀疑令人不安——当然那些哲学的头脑除外，而无论是在高层还是基层，军队都不是由哲学家组成的。在其他任何活动中，乐观精神都不像在军事活动中那样，是成功的必要条件，因为军事活动要面对的大部分情况是未知的——直到死亡的那一刻。乐观与盲目之间的差别很小，因此，军人们常常乐观到盲目的程度，而成为信念的受害者，就不足为奇了。

著名的龙门书院①的课本里每一页的上方都印着一句话："学生必须首先学会以怀疑的精神来处理问题。"这一训诫所提出的考验是军人所无法面对的。11世纪的张载②则更为明确地教导说："于不疑处有疑，方是进矣。"

---

① 指胡适描述他的父亲在1875年就读的学校，现改为上海中学。——译者注
② 张载（1020~1077），北宋思想家、教育家、理学创始人之一。——译者注

对真实的畏惧

我们从历史中得知，无论在何时何地，大多数人都对批评他们的制度心怀不满，尽管事后看来这些批评都是事实。我们也知道有许多善良的人们都不愿承认事实的真相，因为真相足以破坏他们怡然自得的信心，而天下就没有什么比拒绝承认真相更能助长虚伪及由此衍生的罪恶了。有这种倾向的人总是对正常的批评感到震惊，并且认为某些事情过于"神圣"而不敢深究。

我认为，最理想的人生状态就是用清澈的双眼去面对生活，而不是像盲人、傻瓜和醉汉那样瞎撞乱逛。在思考层面上，后者正是常见的偏好。遇到任何事第一反应是先问"这是真的吗"，这样的人也太少见了！除非这是一个人的自然反应，否则就不能说明在他的心目中是真相至上。然而，若非如此，也就无法取得真正的进步。

在所有的幻觉中，最危险的莫过于以提振国家和军队的士气为由而伪造历史。尽管这种经验教训最为惨痛，它却是最难吸取的。那些曾经损失惨重的人却热切地表现出，他们还愿意损失更多。

1935 年，一位知名的德国将军曾在该国最主要的军事报刊上发表了一篇文章，标题为《我们为何不能伪装？》。令人难以想象的是，它并非呼吁重拾和提升视觉欺骗的艺术，从而达到隐蔽部队行动和位置的目的。作者希望德国军队采纳的伪装方式是，掩盖历史中不那么使人愉快的地方。他强烈反对在第一次世界大战后将前政府外交部文件悉数公开发表，甚至包括德皇在文件边缘上所做的亲笔批注。这位将军鼓吹应在历史领域使用欺骗手段，并以一句著名的英国格言作为结论："有效即真实。"

军事史研究者对这一呼吁并不意外，他们奇怪的是这位将军似乎认为这是什么新鲜事物。具有"官方"

身份的历史，天生就有所保留；再加一个"军事"的前缀，就很可能意味着双重的保留。史学史里有大量的证据显示，伪装战术在应用于战场之前早就活跃在历史领域了。

虚假的历史不仅掩盖了本来可以弥补的缺陷和不足，还制造出虚假的信心，而虚假的信心正是军事史里绝大部分失败背后的原因。它是腐化军队的毒菌，其影响却广得多，时间也更早期，因为军事领导人的虚假信心一直是战争的推动力。

对真实的逃避

我们在历史中看到，人们一直在重复彼拉多^①的话："什么是真实？"^②而且是在令我们感到不解的情况下。这句话一再被当作烟幕，以掩护个人的或政治上的伎俩，并掩盖对问题的回避。在最深层的意义上，这也许是一个正当合理的问题。然而对时局的观察越久，我就越明白，我们有多少麻烦是来自于我们在方方面面都有的一种坏习惯，就是明明知道事情为真却偏要加以隐瞒或歪曲。这种歪曲和隐瞒的理由是效忠

① 本丢·彼拉多（Pontius Pilate，?~36），古罗马帝国犹太行省的第五任总督。根据《圣经新约》，他本不认为耶稣有罪，但在犹太人的压力下判处了耶稣死刑。——译者注

② 原文为"What is truth？"现通行《圣经》中译为"什么是真理？"——译者注

彼拉多与耶稣

　　明明知道事情为真却偏要加以隐瞒或歪曲，以掩护个人的或政治上的伎俩，并掩盖对问题的回避。

一种思想、一种雄心或者一种制度，而实际上，这种效忠是由我们自身利益所驱动的。

第一次世界大战的历史中充满了此类例证，帕斯尚尔战役也许是其中最引人注目的一个。英国陆军元帅黑格 ① 在战前的话清楚地表明了他的动机和信念，即在 1917 年由英军从佛兰德发起进攻，要在美国人到来之前独立赢得战争。而当他准备发动攻势时，所有的情况都已发生改变，法军的主要将领也表达了深切的疑虑。由于他急于说服顾虑重重的英国内阁允许他实现其梦想，他隐瞒了所有他已然知晓的不利因素，并且极力夸大那些看起来有利的条件。当他在 7 月的最后一天发起进攻时，最关键的部分完全失败了。而他却向伦敦报告说，结果"非常令人满意"。就在那一天，天气变得糟糕，攻势也

---

① 道格拉斯·黑格（Douglas Haig，1861～1928），英国陆军元帅、军事家，在第一次世界大战当中指挥了索姆河战役和帕斯尚尔等战役，有"屠夫"之称。——译者注

道格拉斯·黑格

　　自欺欺人的道格拉斯·黑格，也鼓励部下对他弄虚作假、报喜不报忧。

停滞不前。

　　因伤亡人数与日俱增而焦虑不安的英国首相亲自来到佛兰德视察时，黑格振振有词，说被俘虏的战俘身体状况不佳，正说明他的攻势已使德军疲于奔命。当首相要求到战俘收容所看一看时，黑格的幕僚就提前打电话过去，命令在首相抵达之前"将所有强壮的战俘都隐藏起来"。欺骗一直持续，直到牺牲了四十万人之后，这一攻势才得以消停。

　　在之后的几年里，黑格常常辩解说，是法国人的紧急要求以及"法军溃败的可能性迫使他发动攻势"。而第二年春天，当他的军队因精疲力竭而无法抵御德军的进攻时，他又开始指责英国政府。

　　黑格自认为是一个诚实的人，但是他缺乏自知之明。"帕斯尚尔"之所以成为不祥之兆的代名词，是由以下三个因素共同作用的结果：他自欺欺人的倾向，他因此鼓励部下欺骗他的倾向，以及下属报喜不报忧的"耿耿忠心"。对于这种善意的（未必是无私的）虚伪，帕斯尚尔战役可以说是一次实实在在的教训。

作为一名年轻的军官，我曾经对上级指挥官怀有深深的敬意，但是当我从军事记者的角度更密切地观察他们之后，我对他们当中的许多人都大失所望。那么多看起来光明正大的人为了升迁可以不择手段，这真是令人伤心的发现。

在那些对我曲意结交的指挥官中有一位蒙哥马利－马辛本特，就是陆军元帅阿奇博尔德^①（Field Marshal Sir Archibald），他邀请我与他合写一本关于第一次世界大战经验教训的书。当我们一起前往战场考察时，我发现他回避了每一个令他感到尴尬的地点。我很快就明白了，他写这本书的根本目的是为了证明，他时任参谋长的第四军的战绩是多么的辉煌无瑕。于是我婉言谢绝了参与这项宣传工作。我发现他还有个

---

① 阿奇博尔德·阿玛尔·蒙哥马利·马辛本特（Sir Archibald Armar Montgomery-Massingberd，1871～1947），英国陆军元帅。——译者注

陆军元帅阿奇博尔德

陆军元帅米尔恩

习惯，就是对那些碰巧与他在仕途上发生竞争的其他将领，他总是要贬损讽刺一番。

尽管没有我的协助，他最后还是升迁到了军队的最高层，而在他任职期间，正是两次世界大战之间英国陆军发展停滞的最糟糕阶段。他出任陆军总参谋长之时，恰逢希特勒在德国上台[1]，这就更加不幸了。艾恩赛德[2]在第二次世界大战爆发后接任总参谋长一职，当他审核陆军装备缺口清单时不禁大吃一惊，以至于他指着办公室里蒙哥马利－马辛本特和他的前任米尔恩[3]的画像激动地大喊："这两个应该负主要责任的人，应该拉出去枪毙！"（这一判决对米尔恩来说过

---

① 1933 年。——译者注

② 威廉·埃德蒙·艾恩赛德（William Edmund Ironside，1880～1959），大英帝国陆军元帅，第二次世界大战初期的总参谋长。——译者注

③ 乔治·弗朗西斯·米尔恩（George Francis Milne，1866～1948），英国陆军元帅，1926 年至 1933 年间任陆军参谋总长。——译者注

陆军元帅艾恩赛德

于残酷了。）

　　还有一个习惯影响可能更坏，就是那些野心勃勃的军官在即将升任将官时，为了安全起见，他们会对自己的想法和观念守口如瓶，直到他们进入军队的顶层时再付诸实践。不幸的是，这种经过多年野心勃勃的自我压制的结果通常是，当瓶子最终被打开时，里面的东西早已蒸发一空。

　　我发现，和政客一样，在军队的高层当中道义之勇也是相当罕见的。我同样惊诧于，那些显示出最高强度血气之勇的人往往最缺乏道义的勇气。其主要原因似乎是，他们日益沉迷于个人的职业抱负——当不愉快的家庭生活使得他们过分地在意职业前景时，尤其如此。不过，另外一个降低道义之勇的主要原因是非工资性收入的缺乏，这使得各级指挥官为了保障子女的教育而不敢得罪上级。从德军将领对希特勒的顺从当中可以很明显地看到这一因素。我更能理解这一点，因为我曾见过它在英国是如何起作用的，尽管英国的环境远没有德国那么艰难。

正如我在我的回忆录序言当中所说，作为一名"自由职业者"我是十分幸运的——虽然经常为官方提供咨询，但我从来没有接受官方的雇用或资助，因此在寻求真相和客观表达我的观点时也没有任何"利益追求"或"个人诉求"。根据我的经验，这世界上大部分的问题都来自于对其他利害关系的过度关切。

盲目的忠诚

我们从历史中得知，那些不忠于自己上级的人最容易告诫下属要忠诚。几年前，有一个人在身居高位后不断地宣扬忠诚，以至于"忠诚"都成了他的口号；然而他早年间的长官、同事和助手却在私下里把他形容为是那种为了升官什么都可以吞咽下去的人。

忠诚是一种高尚的品质，只要它不是盲目的，而且不排斥对真理和正义更高的忠诚。但是这个词却被滥用了。因为，细究之下会发现，"忠诚"往往是一句客套话，更准确的表述应该是"上下皆无能的互相蒙骗"（a conspiracy for mutual inefficiency）。从这个意义上讲，它本质上是自私的——就像奴隶式的忠诚，既辱没了主人，也贬低了仆人。他们之间的关系是虚假的，如果我们深入探究的话，就会发现被如此推崇的忠诚最终可以追溯到双方的自私心理。"忠诚"不是一种孤立的品格，只要它是真的，而且有其内在价值，那么它也应该蕴含在其他美德之中。

这些低级的忠诚同样也侵入了历史领域，并且破坏了它的成果。为真相而求真相是历史学家的特征。从事这一职业的人很多，然而只有少数人配得上这个称呼。他们不是没有天赋，而是缺乏始终追随光明的渴望或决心。有太多的人背负着情感的包袱，哪怕他们主要不是受亲友或师生之情的影响——这种情况在历史传记领域十分常见。等而下之的是那些为了迎合受众或主顾的口味而修正自己观点的人。

在历史著作与历史真相之间存在着一道鸿沟，而战争史的情况尤甚。战争史通常是由没有受过史学训练的军人所写，而且在作者与主题之间常常存在着某种私人性质的联系——或者是因为彼此熟识，或者是出于传统。如果说以上两点是造成上述鸿沟产生的原因，那么还有一个更深层次的原因是思维习惯。对军人来说，"忠于祖国，无论对错"是一句口号。无论是

神风敢死队

　　"忠于祖国，无论对错。"他们完全没有意识到，他们不仅正在危害国家今后的利益，而且正在背离真相，而真相是荣誉不可或缺的基本要件。

对国家、对军队，还是对同志，这一基本的忠诚观念在他的头脑中根深蒂固，以至于当他从行动转到思考时，很难用历史学家只忠于真相的态度取而代之。

这并不是说，最公正无私的历史学家就能够获得完整的真相，但是如果他具备这种专一的态度，他就有可能接近真相。忠于使命的历史学家不可能提出这样的建议，即像某些著名的战争参与者所说的那样，在战争史中"对某些插曲最好加以掩饰"。这些军官都是无可争辩的荣誉人物，但他们完全没有意识到他们不仅正在危害国家今后的利益，而且正在背离真相，而真相是荣誉不可或缺的基本要件。

在负责编撰英国第一次世界大战军事史的埃德蒙兹 ① 将军身上，这种效应就十分显著。在历史学家应具备的调查方法以及背景知识等方面，他都相当杰出，

————————

① 詹姆斯·爱德华·埃德蒙兹（James Edward Edmonds, 1861～1956），英国皇家工兵部队军官。1919 年被任命为帝国国防委员会（Committee of Imperial Defence）历史部门的主管，负责二十八卷本《世界大战史》的编撰工作。——译者注

埃德蒙兹将军

　　在危机时期，信念的确非常重要，但只有在深入了解历史之后，才会坚信真相比信念更重要。

足以胜任此项工作。最初几年，他常常说，出于对军队和旧时袍泽的忠诚，他不能在官方历史中记录有损于他们的史实，不过他愿意在私下里透露给历史学家。他也确实这么做了。但是随着时间的流逝，他的年纪越来越大，他逐渐催眠了自己，坚信他有义务给事实披上的那层外衣就是真相本身，也是事件的核心，而不仅仅是保护层。

这一做法严重妨碍了及时认清第一次世界大战中的经验教训，以便下一代人在第二次世界大战中可以因此而受益的可能性。那些能够不受官方掣肘和制度约束的史书作者，与其为自己诚实的优秀品格而自豪，倒不如为自己不受限制的自由而庆幸。

真相也许不是绝对的，但是如果我们以纯粹的科学精神去追寻真相，并且在分析事实时只忠于真相本身，我们就有可能在最大程度上接近它。这意味着在追寻的过程中，我们必须随时准备着抛弃个人偏爱的观点和理论。

在军事史领域里，追求真实比在任何其他领域中都更为困难。除了事实被隐藏的情况，军事史研究所需的技术性知识使得这一工作常常由训练有素的军人来承担，而他们却没有受过史学方法的训练。

此外，军队里的层级体系显示出一种自然的焦虑，担心年轻的军人知晓了以前将领们的错误之后，会影响他们对今天和今后将领们的信心。不过，若能认清那些常见错误无休止地循环出现，充斥着整个军事史，也许能够促使人们意识到，摆脱它们的唯一希望在于对过往的经历进行更加坦率的审查，并且重新以诚实的态度来面对事实。

但是人们也要理解，那些害怕后果的人的观点并非毫无可取之处。在危机时期，信念的确非常重要。只有在深入了解历史之后，才会坚信真相比信念更重要。

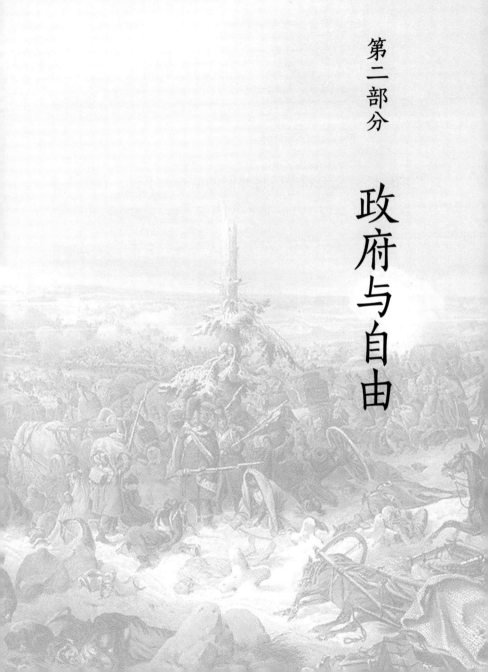

第二部分

政府与自由

被蒙蔽的当权者

我们所有人都会做蠢事，但是明智的人能够意识到他们的所作所为。最危险的错误是认识不到自己会犯错，而这正是当权者们的通病。

现在姑且从第一次世界大战中任意举出一个例子。当关于凡尔登防务废弛的报告几经辗转终于抵达巴黎时，当时的法军统帅霞飞^①将军遂被要求确保该地区的防务得到改善。霞飞将军愤而回应，否认存在任何值得焦虑的问题，而且还索要那些敢于提出这一建议的人员的名单。他说道："我麾下的军人不经正规的层级

---

① 约瑟夫·雅克·塞泽尔·霞飞（Joseph Jacques Césaire Joffre，1852～1931），法国军事家，1916年2月凡尔登战役爆发时任法军总司令，1916年年底升任元帅。——译者注

渠道而向政府抱怨或反对执行我的命令，我无法与之为伍……这是蓄意从根本上破坏军队的纪律和精神。"

这个答复真应该被装裱起来并悬挂在全世界的官僚机构里，以作警示。[①] 因为还没过两个月，他一贯正确的信条就像被戳破的气球一样破灭了，并使得他的军队遭受惨重损失。但是，正如常常发生的那样，个人的报应不仅姗姗来迟，而且颇具讽刺意味。由于警告没有受到重视，那位示警的人注定会成为首批受害者，而霞飞却因为避免了全线崩溃——这是用将士们的英勇牺牲换来的——反而一度获得了新的荣誉。

在官僚机构中，声称绝不会犯错是一种本能，但是了解它的成因并不是要低估这一伪称所造成的伤害——在任何领域都一样。

我们从历史中了解到，批评当权者的人总是会受

---

① 原文为 mummy at the feast，意为"宴席上的骷髅"，喻指能够提醒人们居安思危的事物，也作 skeleton at the feast。——译者注

霞飞将军

在官僚机构中，声称绝不会犯错是一种本能。不要低估这一伪称所造成的伤害。

到自以为是的责难——如果没有更坏的命运降临的话——而历史却一再证明他们是正确的。"反政府"比表面上看起来更具有哲学的意味，因为所有的"政府"都有违背正直和真理标准的倾向——这是它们本性中所固有的，因而在运作中也就很难避免。

因此，不在政府中任职的良好公民的义务就是牢牢地看住它，以免政府妨碍了那些基本的目标，而政府存在的目的就是为了服务于这些目标。政府是一种必要之恶，所以需要保持不间断的警觉和监督。

民主的约束

我们从历史中学到，民主通常重视惯例。从本质上讲，它更喜欢那些思想上进步最缓慢的人，而讨厌那些破坏"上下皆无能的互相蒙骗"的人。因此，这种政府制度容易导致庸才的胜利，并且排斥一流的人才——如果他们同时还具备诚实的美德的话。但是另外一个选项——独裁——几乎不可避免地意味着愚昧的胜利。两害相权取其轻，还是民主稍好一些。

所以有才能的人最好同意自我牺牲，并接受庸才的统治，而不是协助建立一个政权——基于过去的经验，那将使残忍愚昧之人登上宝座，而才高者只有违背诚实的秉性才能保住一席之地。

在英美两国当中，宝贵且值得捍卫的是它们的自由传统，这是它们活力的保证。和希腊文明一样，我们的文明——尽管总是笨手笨脚——已经确立了自由、批评权威以及与秩序相调和的价值。任何为了效率之故而主张另一种制度的人，都是在背叛这一至关重要的传统。

英国政治活动中形成并移植到大洋彼岸的两党制经验，已经持续了足够长的时间。无论其有何理论上的缺陷，相对于人类曾经尝试过的其他政治制度，它都已显示出实践中的优势性。

民主制度中的权力政治

当今人们对权力在国家关系当中所扮演的角色有了更多的了解，而且也更为认同，甚至超过了昔日乐观主义盛行的年代。"权力政治"一词在今天如此常见，足以代表了对现实的一种认同。但是国家内部的权力位于何处，以及它是如何运作的，公众对此仍然缺乏认知。

在民主制度中，权力被委托给各种委员会。从地方议会到最高的政府委员会，它们是政治体当中的主要机构。但是现实当中的决策过程与宪政理论所设想的大不相同。更进一步说，有些因素与原则无关也不受理论重视，却常常对结果具有强大的影响力。

虽然委员会通常是在上午而不是在下午召开，但是晚餐却可能提供了一种适合于非正式讨论的机会和气氛，这种非正式的委员会比那些正式组建的委员会更有影响力。非正式的委员会通常规模很小，而且规模越小，影响力可能越大。这种"两三人的聚会"①也许比一个有二十或者三十位成员的正式委员会更有分量，这两者之间通常有着隐秘的关系，前者通常由后者中的重要角色所召集而来。由于这个小团体以顾问的方式代表个人进行选择，而且以志趣相投和咨询价值为标准来选择成员，因而很容易形成明确的结论，并转化为正式委员会的决议。

在任何二三十人的集会当中，大家的观点一定是多样且模糊的。因此，任何足够明确、经过周密辩论而得出，且是由重量级成员所提出的结论，通常都会得到大多数人的赞同——如果再精心设计它的提案过程，提案就更容易通过了。

在政府的最高层当中可以找到这种餐桌影响力最

---

① 原文为"two or three gathered together"，语出《圣经·马太福音》18：20。——译者注

明显的例证，比如英国的内阁。我第一次清晰地了解到这一点是在几年前，当时我碰巧与两个人很熟识，他们恰好在前后两届政府里担任同一个部门的部长。我发现，前一位只是偶尔与首相共进晚餐，而且通常是在大型的餐会当中，而后一位则每隔一两天就会与首相共进晚餐，有时只有他一人，有时还有其他一两位密友出席。我随后注意到，该部门先后所得到的"待遇"，以及后一位在许多超出本部门范畴的事务上影响政府决策的方式，都大不一样。后续的观察也都给了我同样的印象。

第二次世界大战前，英国海军部的军务大臣们在伦敦上流社会的餐桌上扮演着重要的角色。"外出就餐"的威力胜过了其他任何武器，确保海军拿到了国防预算中最大的份额——尽管当战争爆发后，面对德国空军的干扰，英国海军的表现欠佳。在战前的餐桌上，他们总是对海军的行动充满信心，认为遭到空袭的风险不会太大。直到战争的考验来临，在遭受到惨重损失后，他们才被迫扭转了观念。

根据宪政理论，内阁是国家的决策机构，是国家这一机构的大脑。但是内阁是一个大型的委员会——它过于庞大，以至于无法作为一个真正有效的决策源头。认识到这一点后，人们曾多次试图缩小它的规模。大部分尝试的结果仅仅是削减了成员人数，以求将人数限制在二十人而不是三十人左右。这种有限度的缩减并不会导致本质上的改变。一个由二十人组成的委员会并不比一个由三十人组成的委员会更有利于各种观点的表达，而且在这两种情形下，委员会的决议也几乎必然受到小圈子里事先形成的结论的指导。最近乎高效组织的办法是劳合·乔治在1917年为了应对当时的严峻形势而成立的"战时内阁"，它是内阁中的内阁。丘吉尔在第二次世界大战中再度启用了这一制度。

总是存在着一个"核心内阁"，尽管通常不会有正式的任命，也许更应该称之为"亲信内阁"。它是一个流动的团体。它可能包括那些首相所倚重的或者有必要与之商讨的实际内阁阁员。不过它也可能接纳一些没有内阁职务的成员，因为它的构成取决于首相的判

乔治·寇松

阿尔弗雷德·米尔纳

劳合·乔治

阿瑟·亨德森

安德鲁·博纳·劳

1916 年劳合·乔治和他的战时内阁

1941 年丘吉尔和他的战时内阁

断和选择，他需要的是那些观点对他最有帮助和鼓舞作用的人。成员的基本条件是亲信身份而不是地位。

在这个小圈子的私下讨论中往往会对高层政策进行辩论，而且在召开内阁会议之前就已经形成决议——实际上，内阁不过是批准这一决议的工具。这种操作似乎是违宪的，不过只要首相随后在正式的内阁会议中向同僚们说明他的动议并获得后者的支持，就也算是一种相当可行的方法。鉴于首相在内阁当中的天然优势，以及以逸待劳的先发优势，这种做法几乎不会遇到什么困难。

强大的个性能够巩固首相的地位，他的个性越强大，他的提案就越容易顺利通过。如果他预计会遇到困难，他通常会提前与内阁中最有分量的成员私下探讨，从而避免此事的发生。在绝大多数情况下，他都可以期望他提出的任何政策能够得到多数阁员的默认。一位下定决心、胸有成竹的首相在召开内阁会议时，不大可能会遭到失败，甚至连强烈的反对都不会有。所有这些都十分自然，而且秩序井然。

从现实的角度来看，因果关系链条中最重要的是那些早期的环节，即促使首相下定决心的影响性因素。这也正是其亲信顾问圈子的意义所在：他习惯于与他们共商国是，并且从后者身上汲取灵感。首相和这些顾问才是政策的真正制定者。

除了担任他的私人顾问外，他们通常还是小心谨慎的情报和联络人员。他们可能会被用来进行不公开的调查，并充当首相的耳目。他们还可能在国内或国外被委托以微妙的任务，在官方采取行动之前先行试探。

在政府的各个部门中都可以发现类似的情形，特别是那些权力在表面上是属于一个委员会的部门。事实上，在提交到海陆空三军委员会之前，那些重大事项已经由各部大臣、参谋总长或常务次长商定了。不过如果部长（大臣）个性强硬且颇有主见，他也可能更倾向于在一两位亲密顾问的协助下制定自己的政策，他需要后者向他提供客观公正的意见。

这不过是在商业中常见做法的翻版，公司的董事长常常更受一两个人而不是董事会集体意志的影响。董事会可以修正或批准政策，但其本质并不适于发起一项政策。

幕后的人物

首相、总统，或者以此类推部门领导的"亲密顾问"很少以这种身份出现在公众面前，尽管高层官员的圈子里可能会对他们的影响力有所猜测、谈论和批评。当他们凭借自身的才学为人所知时，他们常常会遇到更多的阻碍，因为他们的影响力容易引发更多的猜疑和嫉妒。这种阻碍不仅针对外部的顾问，而且更针对那些担任部长或高级公务员职务的人。

在第一次世界大战之前及战争初期，伊舍勋爵 ①（Lord Esher）是影响力最大的亲密顾问之一。他从未

---

① 雷金纳德·巴利奥尔·布雷特（Reginald Baliol Brett，1852～1930），第二代伊舍子爵（2nd Viscount Esher），英国政治家和作家。——译者注

伊舍勋爵

身居高位，但却创下了拒绝任职邀请次数最多的纪录——其中包括战争大臣和印度总督。他前后深受国王爱德华七世（King Edward VII）、乔治五世（King George V）以及若干重要大臣们的信任，这使得他拥有巨大的幕后影响力。这一时期另外一位著名的幕后人物是斯彭德[①]，他是《威斯敏斯特公报》的编辑。人们注意到，该报新闻专栏在预测局势发展时总是慢半拍——因为他本人与首相的关系是如此密切，知情太多却只能闭口不言，反而妨碍了他履行编辑的职责。

英国第二届工党政府时期，空军大臣汤姆森[②]勋爵对首相拉姆齐·麦克唐纳（Ramsay MacDonald）的影响力远超他在内阁当中的位次，而且还延伸到空军部之外的事务。汤姆森在 R101 飞艇空难中丧生后，约

[①] 约翰·阿尔弗雷德·斯彭德（John Alfred Spender，1862～1942），英国新闻记者和作家。——译者注

[②] 克里斯托弗·汤姆森（Christopher Thomson，1875～1930），英国军人，1924 年及 1929—1930 年两次出任空军部长，当时的首相都是麦克唐纳。——译者注

斯彭德

翰·巴肯①成为麦克唐纳的亲密顾问，并且在与自由党和保守党联合执政期间充当首相与保守党领袖斯坦利·鲍德温（Stanley Baldwin）之间的联络人。鲍德温再次出任首相后，他与戴维森②的个人交往似乎已成为了政府政策制定过程中的重要因素。在鲍德温任期的最后两年，自1930年起一直担任首席工业顾问的霍拉斯·威尔逊爵士（Sir Horace Wilson）"被借调到财政部为首相服务"。1937年内维尔·张伯伦（Neville Chamberlain）出任首相后，他的权势更大了，其影响遍及所有政策领域，包括外交事务在内。大臣们经常抱怨说，他们无法就重大事件与首相当面交流，而只能通过威尔逊爵士转达，并从他那里得知首相的决策。

---

① 约翰·巴肯（John Buchan，1875~1940），苏格兰小说家及政治家，1927年当选英国下议院议员。代表作品有《三十九级台阶》。——译者注

② 约翰·柯林·坎贝尔·戴维森（John Colin Campbell Davidson，1889~1970），英国保守党政治家，1926至1930年间任保守党主席。——译者注

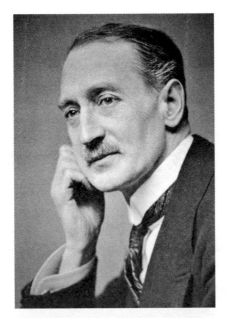

汤姆森勋爵

约翰·巴肯

拉姆齐·麦克唐纳

1940 年威尔逊爵士（左）与首相张伯伦在一起

斯坦利·鲍德温

约翰·戴维森

丘吉尔 1940 年就任首相后，世人皆知布伦丹·布拉肯 ① 和比弗布鲁克勋爵 ②（Lord Beaverbrook）在其智囊团当中的重要性。常伴他左右的还有林德曼 ③ 教授，即后来的彻韦尔勋爵（Lord Cherwell），他被正式任命为首相的"私人助理"，从而使他的顾问身份得到了合法化。另外一位私人助理是德斯蒙德·莫顿 ④ 少校。

---

① 布伦丹·布拉肯（Brendan Bracken，1901~1958），英国保守党内阁成员，1940 至 1945 年间任丘吉尔的新闻大臣。——译者注

② 原名威廉·马克斯韦尔·艾特肯（William Maxwell Aitken，1879~1964），1940 年 5 月任丘吉尔的飞机生产大臣，1941 年 6 月改任军需大臣。——译者注

③ 弗雷德里克·亚历山大·林德曼（Frederick Alexander Lindemann，1886~1957），英国物理学家，牛津大学教授，第二次世界大战期间任丘吉尔的首席科学顾问。——译者注

④ 德斯蒙德·莫顿（Desmond Morton，1891~1971），英国军官，第二次世界大战期间为丘吉尔提供情报服务。——译者注

布伦丹·布拉肯

比弗布鲁克勋爵

1941 年 8 月，威尔士亲王号上的丘吉尔与比弗布鲁克勋爵

1941 年彻韦尔勋爵（左一）和丘吉尔在一起

德斯蒙德·莫顿少校

虽然这种亲密顾问的实际价值已被越来越多的人所接受，但他们在英国却还是不像在美国那样公开露面，仍然更多地居于幕后。在美国，爱德华·豪斯[1]不仅是威尔逊总统的左右手，还是他的"分身"（other half）。尽管他从未担任过任何公职，但他经常代表总统出席同盟国的会议。第二次世界大战期间，哈里·霍普金斯[2]作为罗斯福总统的代表以及他亲密的常备顾问，也扮演了差不多同样重要的角色。

---

[1]　爱德华·豪斯（Edward M. House，1858～1938），威尔逊总统的亲密顾问及主要代表，在制定和平条款以结束第一次世界大战方面发挥了关键作用。——译者注

[2]　哈里·劳埃德·霍普金斯（Harry Lloyd Hopkins，1890～1946），美国政治家，美国总统富兰克林·罗斯福的首席外交顾问和亲密幕僚，《租借法案》的项目负责人，罗斯福新政的主要设计者之一。——译者注

爱德华·豪斯

哈里·霍普金斯（右）与罗斯福在一起

　　霍普金斯在第二次世界大战时期任总统私人顾问，参与和英国、苏联之间的所有重大战略决策，实际上是白宫的第二号人物，有"影子总统"之称，他就住在白宫。1945年罗斯福总统逝世后，他还最后一次出访莫斯科，帮忙安排波茨坦会议。

独裁模式

我们从历史中学到，白手起家的独裁者们遵循着一套标准的模式。

在获取权力时：

他们有意或无意地利用民众对现有政权的不满或不同阶层之间的敌对状态。

他们猛烈地攻击现有政权，并用天花乱坠的承诺来吸引不满者（如果成功了，他们也只会有限度地兑现诺言）。

他们声称只要求短时间内的绝对权力（但是随后却"发现"，交权的时刻永远不会到来）。

他们通过描述遭受陷害的阴谋故事来激起大众的同情，并以此为手段在某些关键阶段用来巩固其权力。

夺取权力之后：

他们很快开始清除主要支持者，"发觉"那些帮忙建立新秩序的人突然之间成了叛徒。

他们以这样那样的借口压制批评的声音，惩罚任何谈及对他们施政不利的事实的人，尽管这些事实真实存在。

如果可能，他们会争取宗教的支持。如果宗教领袖不顺从，他们就扶植一个迎合自己的新宗教。

他们将公款浪费在令人叹为观止的物质建设上，作为剥夺人民精神和思想自由的补偿。

他们操纵货币，使国家的经济状况看起来比实际情况要好。

作为转移对国内状况的注意力以及向外宣泄不满的手段，他们最终会发动对其他国家的战争。

他们把爱国主义当作口号，以此来强化个人权威和对人民的控制。

他们扩充国家的上层建筑，同时却在破坏它的基础——用阿谀奉承之徒取代自尊自爱的合作伙伴，怂愚民众用浮夸的品位取代真正的价值，鼓励用空想替代现实，结果必然导致最后的崩溃，即便不在他们这一代，也一定会在继任者那一代。

这种政治欺诈是一套常见的把戏，从古至今一直在重复上演。然而到了下一代，它却还是能够得逞。

独裁心理学

我们从历史中得知，时间并不会改变独裁者的心理。权力对掌权者心理的影响在任何时代及任何国家当中都非常相似，对那些依靠侵略而获得权力的人来说更是如此。

拿破仑侵俄战争的过程值得我们回顾——不是为了探究作战的细节，而是将它作为一个了解独裁者心理活动的客观案例。研究科兰古的回忆录（the memoirs of Caulaincourt）对此尤其有帮助，他不仅参与了远征莫斯科的行动，而且在拿破仑丢弃他的军队让其听天由命时，还陪同拿破仑抽身返回法国。

这次冒险削弱了拿破仑对欧洲的统治，并粉碎了他的"新秩序"。拿破仑远征俄国的直接原因是，俄国对他征服英国计划的态度使他感到不满和不安，而英

科兰古

　　科 兰 古（Armand-Augustin-Louis de Caulaincourt，
1773~1827），拿破仑的副官和学生，拿破仑时期出色的
外交家、政治家、军事家。科兰古曾一再警告拿破仑入侵
俄罗斯的风险，但都无济于事。

国是拿破仑通往统治世界之路最后的障碍。在拿破仑看来，俄国沙皇试图减轻大陆经济封锁政策给英国造成的负担，这就像一个楔子，将使他借此削弱英国拒绝谈判的顽强决心的努力功亏一篑。

尽管当经济封锁政策偶尔伤害到法国时，拿破仑也允许自己做出调整，但他却希望盟友及被占领国为了法国的利益而忍饥挨饿，不能稍作缓解。为了严格贯彻这一根本不合理的政策，他决定通过武力将自己的意志强加给俄国。他不顾最亲密、最明智的顾问们的反对，一意孤行。

1812 年 6 月中旬，他已经在波罗的海和普里佩特沼泽之间的俄罗斯边境集结了一支四十五万人的部队——这在当时是相当庞大的兵力。6 月 23 日晚上十点，浮桥部队开始在涅曼河（the Niemen）上架桥，法军随后开始渡河。拿破仑对科兰古说道："两个月之内，俄国就会求和。"志在必得之心显露无遗。

到了维尔纽斯①，拿破仑发现俄国人已经弃城而走。"这对他来说真是非常伤心，因为他要在维尔纽斯城下进行一次伟大战役的期待落空了。他只好痛骂敌人是懦夫，以此来表达自己的愤怒。"

经过五个星期的作战，尽管他已深入敌境，却对敌人几乎没有造成任何伤害，而他自己的军队却至少减员了三分之一，战斗力的下降则还要更为严重。

正如科兰古告诉我们的那样："拿破仑相信，只要他想要一场会战，就会有一场会战；并且相信他将会取胜，因为他非赢不可。"他就这样被引向斯摩棱斯克（Smolensk）。在进入这个被烧焦和废弃的城市后，拿破仑重获信心，他宣称："不用一个月，我们就会进入莫斯科；在六个星期之内，我们就将获得和平。"

9月14日，拿破仑抵达了莫斯科，却发现俄国人已经撤离。当天夜里城内多处起火，很快地，大半个

---

① Vilna，今立陶宛首都，1795年起为俄国所占领。——译者注

莫斯科城都陷入火海。

俄国人烧毁莫斯科，终于让拿破仑冷静了下来，他开始急于寻求任何可以实现和平的机会。但是他仍然无法了解他已经激起了多么大的怨恨。他在大火过后的莫斯科逗留不去，寄希望于俄国人会迅速响应他的和平提议。恰恰相反，这却被俄国人认定是他的处境日益困难的证据。10 月 25 日，他无奈地下令撤回斯摩棱斯克。

11 月 9 日抵达斯摩棱斯克时，拿破仑的军队只剩下五万人。行至别列津纳河（the Beresina）时，法军几乎全军覆没。到了斯莫尔冈①，拿破仑决定丢下他的军队赶回巴黎以便重新召集兵马，并且希望当征俄惨败的消息传到法国以及那些被征服后一直保持观望的欧洲各国的首都时，他的出现能够重建人们的信心。

---

① Smorgoni，位于今白俄罗斯境内，距离莫斯科八百一十五公里。——译者注

拿破仑在莫斯科城下

拿破仑心得："一旦你已经表现得像个无赖，你就绝不能再像个傻瓜。"

　　拿破仑曾经遍述各位助手的缺点和不足，其中一人是塔列朗，他的评论是："一旦你已经表现得像个无赖，你就绝不能再像个傻瓜。"这颇有点灯下黑的意味。

　　对于讲求实际的历史学家来说，拿破仑更像个无赖而不是英雄；而在哲学家看来，他甚至更像个傻瓜而不是无赖。他的野心和目标暴露了他的愚蠢，而他的自我欺骗必然导致他的失败。然而值得反思的是，这样的一个蠢货以及他所干的可怕的蠢事，在很大程度上是由那些较小的——或者不那么蠢的——傻瓜们所创造出来的。这种不切实际的蠢人蠢事真是太有魔力了！

　　我们得知，拿破仑在丢下饥寒交迫的官兵之前曾经来到他们的营地，他"走过这些不幸的人群，没有听到一声怨言。他们只怪天气不好，却绝不责备拿破仑对荣耀的追求"。最后，他相当放心地回到国内，接受臣民们对他平安归来的庆祝，并从他们当中搜刮了新的炮灰，使他得以再度踏上荣耀的征途。

　　1941 年 6 月 22 日，就在拿破仑入侵俄国整整

1941 年 6 月的巴巴罗萨行动

希特勒再次证明：人类并不向历史学习，而 "伟人们" 尤其如此。

一百二十九年之后，希特勒也发动了对俄罗斯的进攻。尽管在这期间发生了很多革命性的变化，但他还是打算再次提供一个可悲的示范，以证明如下真理：人类并不向历史学习，而"伟人们"尤其如此。

独裁统治的基本缺陷

　　像拿破仑政权这样的专制统治确实取得了一些成就，如果不承认也不是实事求是的态度。在物质和精神两个方面都可以找到这样的成就。多项改革和有效的改良措施在短短几年之内就得以实施，而这些措施在民主体制中也许要讨论上好几代人。公共工程、艺术活动和考古探索都可以吸引独裁者的兴趣并获得他的支持，而议会制政体则对这些缺乏兴趣，因为它们不能带来选票。

　　极权制度的另外一个政绩是，它们在一定程度上促进了社会服务和同志情谊。在这一方面，它们对国家的影响和战争是一样的。就像在战争中一样，众多无权者迅速培养起来的同仇敌忾之情往往遮掩了少数当权者的阴谋，也掩盖了根部在这种土壤中的腐烂，以及整棵树的日益枯萎。坏的手段不会导致好的结果。

它们自己的信仰宣誓就是对专制政权最典型的测试。在考察它们的不义之行时，无需对特定案例进行辩论——它们往往否认受害人的控诉——因为它们所炫耀的那种态度，就使得此类事情无可避免。

自古以来，正是思想的力量引发了人类进步的潮流。因此，有思想的人必须反对任何形式的专制主义，因为它害怕那些思想对短命的权威不利。

任何正直的作家都必须反对它，因为它相信审查制度。

任何真正的历史学家都必须反对它，因为他能够认识到这种制度会导致过去的罪恶一再重现，而且它还会有意地伪造历史。

任何试图用科学的方法解决问题的人必须反对它，因为它拒绝承认批评是科学的精髓。

总之，任何寻求真理的人必须反对它，因为它将真理置于国家利益之下。这将会导致文明的停滞。

但是，仅仅"反法西斯主义"是不够的，甚至仅仅捍卫自由也是不够的。如果我们满足于维持现状，在面对外部侵略和内部腐蚀时，可能就无法保住已经获得的成果。那些因先辈在 17、18 和 19 世纪所取得的成就而实现了部分自由的人，必须继续传播自由的福音，并致力于提升人类自由所必需的各种社会、经济和政治条件。

令人不安的趋势

更客观地来说，与过去的局势相比，现今的英国、美国以及其他民主国家的状况，尽管在某些方面有所改善，但另一些方面的不利因素却增加了——所以总体而言是变得更糟了。

其中一个因素是"安全意识"的过度增长，而且官僚意味重于现实考虑，因此常常走到极端荒谬的境地。对于今天的英国议会（或美国国会）来说，若想获取对国防事务有价值的言论，确实比过去困难多了。与第一个因素相关的另外一个因素则是"公关意识"的强化，这尤其影响到在职人员的言论。

过去富勒少将[①]撰写文章批评当前的不足和谈论新的发展，经常给陆军部惹来麻烦，我们自己也成了不受待见的人，但是官方还没有走到禁止我们发表意见的地步。现在，我们曾经发表的所谓异端邪说已经成为正统的观念——但如果有人企图在思想领域做出新的探索，或者对未来提出不同的看法，或者批判现有的学说，他们会发现要想获得发表许可，已经变得难上加难。

---

① 约翰·弗雷德里克·查尔斯·富勒（J. F. C. Fuller，1878～1966），英国军事理论家、军事史学家，装甲战理论的创始人之一。参加过英布战争和第一次世界大战，职衔至少将。后一直从事军事历史研究和军事理论著述，著作颇丰，与本书作者李德·哈特是莫逆之交。——译者注

富勒将军

　　富勒将军对第一次世界大战中守旧的军事思想及传统有过猛烈的抨击。他的著作《战争科学的基础》被他认为是自己的代表作，不过其中一些尖刻语言让国防部大为不满，甚至拒绝批准出版，在勉强出版后也备受攻击，一时恶评如潮。

强制谬论

我们从历史中学到，强制原则在实践中往往会失败。防止人们做某事是可能的；而且，只要是用来限制干涉他人的自由，那么约束或管制则是完全正当的。但是实际上，要强迫人们做事不可能不冒得不偿失的风险。这种方法也许看起来可行，因为当它应用于那些仅仅是犹豫不决的人身上时，常常会收到成效。然而对于那些确实不愿意的人，它就会失败，因为它会制造摩擦并鼓励阳奉阴违，从而达不到预想的效果。一项原则是否有效，要用结果来检验。

效率源于热情——只有热情才能够带来强劲的推动力。热情和强迫不能相容，因为热情在本质上是自动自发的。强迫则注定会扑灭热情，因为它掐断了源头。一个个人或者国家越是习惯于自由的生活，一旦转向强迫时就会越发失去活力。

我花了多年的时间用于研究战争，这项研究逐渐超越了当前的技术层面而指向其源头，并改变了我早期对征兵制的固有看法。我的研究使我发现，强制性原则从根本上是无效的，而征兵制度也已经落伍过时——在战争日益趋向素质化发展的时代，它却像藤蔓一样纠缠于数量标准。在一个为了有效地运用新式武器而日益需要技巧和热情的时代，征兵制却固守着单纯的数字崇拜。

征兵制已不符合现代战争的条件——包括专业化的技术装备、机动作战和变化莫测的形势。胜利越来越有赖于个人的主观能动性，而这又出自于个人的责任感——强迫则会使责任感萎缩衰减。此外，每个心有不甘的人都是一个"病菌携带者"。总之，他会到处传播"病菌"，强迫他服兵役实在是得不偿失。

经过进一步深入的研究和思考，我逐渐认识到，引发近代大型战争并使全世界深受其害的罪魁祸首正是征兵制度。

对历史经验的分析证明了这种逻辑推理。当代征兵制度起源于法国——讽刺的是，它是大革命激情下的劣等产物。它曾将整整一代人搞得天怒人怨，因此当拿破仑倒台后，废除征兵制就成了法国人民的首要诉求。然而，它又被移植到了普鲁士，那里才是最适合征兵制的土壤。而就在半个多世纪后，普鲁士的胜利又使得征兵制在法国复活。由于拿破仑三世新一轮的独裁统治使得法国人民已经习惯于官僚主义的干涉和束缚，征兵制的再度实行相当顺利。在随后的一代人中，伴随着法国自由精神的复兴，寄生在这一政体上的小官僚主义也随之成长。法国人自此一直未能摆脱这只寄生虫，他们的努力仅仅带来了腐败——企图用逃避的手段来减轻强制的压力，其结果必然失败。

今天人们已公认，此种因官僚主义而导致的腐败的疯狂滋长，实为法兰西第三共和国的祸根。但是深入考察之后会发现，其原因可以追溯得更深远——一部分法国大革命的缔造者误解了他们自己的原则，从而采取了一种与他们的成就根本对立的方法。

也许有人会认为，征兵制对于德国人来说可能不那么有害，因为他们更愿意服从制度，也没有根深蒂固的自由传统。然而，需要注意的是，纳粹运动在本质上是自愿性质的——是排他的，并非谁都可以加入；而且德国军队中最重要的部分——空军和特战队——则是在半自愿的基础上招募的。很少有证据显示，德军中的普通"大众"具有同样的热情，而有相当多的证据表明，这种被强迫从军的大众构成了德军表面力量中的薄弱环节。

正如我所说的，征兵制衍生自法国大革命的混乱思想，然后被拿破仑所利用以实现他的个人野心，随后转而服务于普鲁士军国主义的利益。在破坏了18世纪"理性时代"的基础之后，它已经为当代的非理性统治铺平了道路。

征兵有引发战争的作用，但是不会使战争加速进行——除了在消极的意义上，它会加快厌战情绪和其他导致失败的因素的增长。征兵在1914年就引发了战争，因为新兵动员破坏了国民生计，并造成一种不可能进行谈判的氛围——从而证明了"动员即意味着战争"这一警告。在那次战争中,从俄国、奥地利和德国军队溃败之前以及法国和意大利军队衰退之前的迹象中,都可以找到征兵制的影响。在战争的压力下崩溃的都是最不自由的国家,而它们是按不自由的程度逐个崩溃的。与此形成对比的是,在战争的第四年,公认战绩最好的部队是澳大利亚的军队——这支军队不仅排斥征兵,也是最不鼓励盲目服从的。

值得注意的是,在英国,提倡征兵制可以追溯到战前几年,甚至是在军方采纳这一制度之前。当时,一些有影响力的人对纳粹制度的社会发展印象深刻,对其所隐藏的危险却不够警惕。慕尼黑会议之前的那个冬天,德国发起了一项"全民服役"运动。洛西恩勋爵 ①(Lord Lothian)在 1938 年 3 月写给《泰晤

① 菲利普·亨利·克尔(Philip Henry Kerr,1882~1940),第十一代洛西恩侯爵,英国政治家,1939 年起任英国驻美国大使,他促成了《租借法案》的通过,为英国赢得了美国的支持。——译者注

洛西恩勋爵

　　动员即意味着战争。征兵有引发战争的作用，但它不会使战争加速进行。

士报》的信中阐述道，"无论是在和平时期还是在紧急情况下"，"每个人都被分配给"某种特定的服役形式。现在，又有人将它作为一种"教育"手段来重新加以提倡。

这种制度必然会压制个人的判断。它违反了自由社会的基本准则，即，除了主动干涉他人自由的自由，不应对个人自由有任何限制。我们的个人自由的传统是经过多少个世纪的努力才慢慢成熟的。如果我们在国外为捍卫它而战，之后却在国内放弃了它，这将是我国历史上一个极大的讽刺。就个人服役而言，自由意味着有权利忠于你的信念、选择自己的路径，并决定何种事业值得效力和牺牲。这就是自由人和国家奴隶之间的区别。

除非绝大多数人民都愿意为之效力，否则国家一定是在根本上出了问题。在这种情况下，国家就有可能经受不住或者不值得接受考验，而强制性措施并不会使结果有什么太大的差异。我们也许尚未达成充分的自由，特别是经济自由，但是对于未来最佳的保证在于改善自由得以生存和发展的条件，而不是放弃我们已经获得的自由的要素。

强制服役的支持者们在坚持这一观念时经常强调说，在某些非常时期，这一原则曾经被我们的成文法所接受，并在 18 世纪和 19 世纪初偶然地应用于社会中的贫困阶层。在这里，他们忽略了我们国家在 19 世纪中已经获得的发展，而我们的自由观念也进一步提升了。

英国文明的进步使我们首先对强征入伍和贩卖奴隶提出质疑，并随之摒弃了它们。这两种违背我们原则的制度之间存在着明显的逻辑关系。难道我们的文明浪潮现在正在退落吗？

另外一个错误的观点是，既然征兵制一直是大陆国家（包括那些仍然是民主制的国家）的惯例，所以我们不必担心采用征兵制的后果。但是我对过去一个世纪的历史和战争研究得越深入，我就越发现，征兵制的发展已经损害了大陆国家自由观念的成长，从而降低了它们的效率——因为它破坏了个人责任感。有更多的证据表明，英格兰的临时性征兵制也已经永久地伤害了自由与民主的发展。就我个人而言，我是在追求效率的过程中逐渐坚信，自由的重要性至高无上。我相信，自由是效率的基础，对国家和军事都一样。因此，为了争取生存，与极权主义国家做斗争，其结果却是自己也"通往极权主义"，这既是一种实践上的愚蠢，也是一种精神上的投降。切断了自愿服务的动机，就会使自由社会的生命源泉干涸。

我们应该认识到，对国民生活采取强制性原则相对容易，而采取之后再想摆脱就难了。一旦在和平时期实行强制服役，就很难抗拒将该原则扩展到国民生活的其他方面，包括思想、言论和写作自由。在向极权主义迈出决定性的一步之前，我们应该慎重考虑并且未雨绸缪。还是我们对锁链如此习以为常，以至于我们不再意识到它们的存在？

强制使人进步？

为了公平起见，我们应当承认，许多提倡强制服务的人是受到了这样一种愿望和信念的鼓舞，即相信它是一种达成良好目的的手段。这一观点背后更宏大的构想是，它有可能使人变好；也就是说不仅向他们展示如何变得更好，还必须强迫他们遵从。许多改革者、大多数革命者以及所有爱管闲事的人都有这样的想法。它一直代代相传，尽管屡屡与历史经验相矛盾。它与法西斯运动的主要观念有着密切的关系，至少是它的近亲。

不过，在指出这种相似性和谬论时，我们应该对强迫服务原则的积极面和消极面加以区分。消极方面包括制定一切法律，用以清除发展的障碍，以及阻止来自社会中的自私或天生碍手碍脚者的干扰。与实际强制大不相同，它可能会被定义为一种控制流程或者管理法规，严格来说，实际强制是主动直接地强迫人们违背自己的意愿而采取某项行动。就其定义的消极或保护意义而言，控制对于真正的进步也许是必要且有益的。只要运用得当，它就不会侵犯自由原则，因为它包含在"自由不允许干涉他人自由"这一推论之内。而且，它符合关于进步的哲学定律，即消极为积极铺路，以及确保真正进步的最佳机会在于小心规避以往的错误，即借由破坏或扭曲历史来寻求进步。

　　同时，历史也警告我们，即使就消极的调节而言，借助法令实现进步的努力有可能会引起反作用，在积极的强制意义上就更是如此。这种努力越仓促，它能否持久的风险就越大。更为可靠的方法是培养和传播改良的思想。那些持久的改革是当人们的思想业已成熟时自然而然发生的，而且分歧很少。将时间浪费在仓促行动上，最终只能落得一堆杂草，与之相比，传播些许丰饶的思想种子则是一种更有成效的生活。这让我们看到了影响力与权力之间真正的重大差异。

第三部分

战争与和平

权力欲望

历史表明，真正进步的主要障碍是一直流行的"伟大人物"的神话。尽管"伟大"是相对而言，但它还是更多地被用来形容某些特定的品质，而不是所有品质的总和。"伟大人物"就是一座泥塑的偶像，人类崇拜个人的天性构筑了它的底座，那些还不能摆脱欲望、渴求被视作或者自诩为伟大人物的人则塑造了它的身形。

很多在现有制度中获得权力的人本身都有其优点，很少有人毫无可取之处。然而为了保有他们的权力，比较容易且安全的方法就是迎合人民的最小通约——本能而非理性，利益而非正义，权宜而非原则。这听起来很实际，并会因此赢得尊敬，而谈论理想则有可能引起不信任。但实际上想要找出权宜之计的依据在

两个 "伟大人物"

"伟大人物" 就是一座泥塑的偶像, 人类崇拜个人的天性构筑了它的底座, 那些还不能摆脱欲望、渴求被视作或者自诩为伟大人物的人则塑造了它的身形。

哪里，也许是天下最困难的事情：一项权宜之计常常会导致另外一项权宜之计，这是一种贻害无穷的恶性循环。

权宜的短视性

我们从历史中了解到，权宜之计鲜少有被证明是合宜的。然而，当今世界各国的政治家们比以往任何时候都更多地大谈特谈如何权宜变通，他们似乎担心一提到原则就会被贴上"不切实际"的标签。他们尤其喜欢强调"现实主义"的需要。如果这种态度显示出对真正的历史教训的理解，那么还说得过去。例如，低估理想主义的力量是不现实的。同样地，在采取政治措施或做出承诺时无视军事原则和条件也是不现实的。而且现实主义要与深谋远虑相结合，要能够预见到未来的一两步。

英国政策的优点在于它有能力适应不断变化的形势；而它的弱点是，这种（通常是困难的）形势本来可以通过未雨绸缪而避免。百年以来的历史，特别是我们处理地中海事务的历史表明，当英国的政策最接近于真诚时，它不仅在本意上而且在效果上都是最好的。英国人道德冲动与物质利益之间的相互拉扯，给英土（土耳其）关系带来了一系列令人瞠目结舌的反转。我们曾一再讨好苏丹，希望苏丹能够抗衡法国或俄国在近东的野心，而又常常被迫对苏丹采取行动，因为它对待臣民的方式大大地震撼了我们的正义感，在感情上也难以接受。

从百年来的历史及其后果来看，我们爱好妥协的民族天赋在现实中的运用并不尽如人意。这种微妙的调整若要真正生效，需要马基雅维利式的人物，然而英国人并不是马基雅维利主义者。他永远无法摆脱道德上的顾虑，来扮演这种角色。因此，在口是心非或者铁血主义这种与道德无关的比赛中，他总是无可避免地居于下风。认清这种内在的"弱点"，英国人发现也许还是继续坚持道义比较好。无论如何，这一实践还没有被尝试。

另一方面大量的经验表明，道义和实利主义之间的失调也使得英国人常常陷入困境和危险当中。当我们沾沾自喜地指望土耳其人会心怀感激时，他们却没有忘记我们的态度是不可靠的。当我们运用影响力帮助苏丹及其衰朽王室对抗青年土耳其党人的改革运动时，我们不仅失去了约束后者的影响力，无法遏制他们采取过激行动，而且还冷落他们从而将他们推入德国人的怀抱。

如果能多一点正派，多一点真诚，以及多一点考虑，世界局势将会有多么大的不同啊！首先，试着向前多想几步，并且意识到宽恕邪恶的危险。我们试图玩古老的外交游戏，却不能指望着能够成功，因为我们还背负着顾虑，而旧式的现实政治拥护者却可以免受这种负担。

对于一个满不在乎地实施"海盗"行径的人——他只追求自己的利益而不管其他人的，他的观点是可以被理解的。他也许能够获取他的利益，尽管在不知不觉当中他失去的更多，因为他正在扼杀自己的灵魂。但是对于那些在私生活中维持着某些道德标准，却在公共和国际事务中提倡或者默认丛林法则的人，即使是目光再短浅的人也看不出有什么道理。而那些在国际事务中鼓吹纯粹自私的人，同时又大肆宣扬爱国主义的自我牺牲精神及其崇高性，就更加没有逻辑可讲了。

如果不是怀抱希望和梦想，为国家精神的持续进步提供机会，并使国家变得更加美好，那么牺牲个人保卫国家又有什么意义？若非如此，那么他仅仅是留住了国家的外壳——只挽救了形式而不是灵魂。只有愚顽的爱国主义才会做出这等毫无希望的蠢事。

如果爱国主义意味着像猫一样只眷恋自己在火炉边的窝而不爱人类，那么爱国心又有何价值呢？而且，当屋子失火，这样的"爱国者"也像猫一样很可能会被烧死。

信守承诺的重要性

文明建立在信守承诺的基础之上。这听起来可能不是什么了不起的成就，但是如果践诺的信心被动摇，整个文明结构就会崩溃和倒塌。任何建设性的努力以及所有的人际关系，包括个人的、政治的和商业的，都取决于能否信守承诺。

国家间集体安全的问题，以及与这一主题相关的历史教训，都反映出这一真理。在第二次世界大战爆发之前的几年里，一直有人指责这一真理的支持者过于尊重盟约，以至于是在冒着卷入战争的危险。尽管他们可能像傻瓜一样忽视了有效履行承诺的必要条件，但他们至少表现出了自己的君子之风，并且从长远来看，比起那些主张只要不侵略到我们头上就应该对侵略者不管不问的人，他们也显示出具备更多的基本常识。历史一再表明，想以这种方式获得安全，实是最大的幻想。

慎重许诺的重要性

就对方的期望而言，许下不能实际履行的诺言是不道德的。因此，我曾在 1939 年对英国将保护波兰这一承诺的道德基础和可行性提出质疑。如果波兰人能够认清英法两国的军事力量无法使波兰免于失败，而这种失败对他们各自和集体而言又意味着什么，那么他们很可能不会如此强硬地反对德国最初相对温和的要求（但泽走廊）。既然在我看来，波兰人显然注定要失去这些地区，而一旦爆发战争还会失去更多，那么我认为对我方来说，做出会助长虚假希望的承诺就是错误的。

我还认为，任何这样的承诺都必然会导致战争的爆发，理由有三：第一，在局势如此紧张的时候，对一个向来处于我们利益圈之外的地区做出保证，无疑会起到挑衅的作用；第二，对于像德国人这样具有尚武精神的民族，这种保证是在刺激他们来证明我们的保证是多么的愚蠢和不切实际；第三，这种保证具有强化波兰人心态的效果，而波兰人在通过谈判合理解决任何问题时本来就已经表现出异常强硬的态度。

历史学家不会看不到，波兰与德国之间长期以来的态势与四十年前英国与布尔共和国之间的关系有某些相似之处；我们应该还记得，当其他欧洲列强试图劝说或强迫我们与布尔人进行谈判寻求和解时，对我们产生了怎样的影响。如果我们当时的反应是如此强烈，那么也很难期望一个更好战的民族其反应会较为克制——尤其当波兰被真切的开战承诺所促使而拒绝德国的条件时，强迫谈判的努力随之陷入倒退。

值得提一下格莱斯顿^①这个人，他谴责起侵略行径

①　威廉·尤尔特·格莱斯顿（William Ewart Gladstone，1809～1898），英国政治家，曾作为自由党人四次出任英国首相，被学者誉为最伟大的英国首相之一。——译者注

来比任何人都更强烈。当格莱斯顿在 1869 年首次出任首相后，为了启发维多利亚女王，他曾为英国的外交政策制定了一系列指导原则。当时集体安全机制尚未建立，这与 1939 年集体安全组织事实上已经解散的情形大体相似。

格莱斯顿对其指导原则所做出的说明，不限于对英国自身，现在看来对其他国家仍然有价值。他说道："尽管欧洲从未见到英国倒下去，但我们自己心知肚明，虽然确实获得了 1815 年时的优胜地位，然而为了获得这种危机四伏的成就，我们付出了多大的代价，使国内所有的制度都面临着风险……英国的实力是否将其他所有国家都远远地甩在了身后，以至于她可以宣称已经准备好矫正世间一切不公？这种宣示和承诺的后果是否将使她过早地耗尽国力，又或者是在行动中毁于一旦？"

他制定的原则是："英国应该将评估自身责任的工具完全掌握在自己的手中；……她不应该因为对其他列强的表态而压缩自身选择的空间……对于这些表态，

格莱斯顿

不要承诺太多，不应鼓励弱国对抗强国，而应坚定而温和地震慑强国，使其不要侵略弱国。

其他国家至少会要求共同解释权……无论如何，对于她来说承诺太少要好于承诺太多；她不应给弱国以提供援助的期待，从而鼓励它对抗强国，而更应该以坚定而温和的语言来震慑强国，使其不要侵略弱国。"

战争病菌

政策的这些隐患与战争本身的成因关系密切。同情与反感，利益与忠诚蒙住了人们的双眼，而这种短视常常会使人脾气暴躁。

若想了解战争如何被炮制和引发的经过，最好的方法就是研究 1914 年之前五十年的历史。不要在统治者、大臣和将军们编制的正式文件中，而要在他们的批注和私语中去寻找那些关键的影响因素。这里面可以显示出他们的本能偏见，对真理本身缺乏兴趣，以及对于信息传达的精确性漠不关心，而准确性正是防止产生危险性误解的保障。

我认为，从最深层的意义上讲，准确性是基本的美德，是理解的基础，也是支持进步的保证。大多数的麻烦起始于过度，失败在于查验不够；预防之道则在于适度。因此，对于那些因口头或书面交流而引起的麻烦，夸大其词是罪魁祸首，轻描淡写使其延续，而准确表述则是它们的预防措施。这同时也适用于私人以及公共生活。

笼统的判断、恶意的闲话、模糊的言论，这些都传播出误导性的印象，属于道德和心理上的重大过失，足以引发战争。研究它们的作用将使人认识到，战争的病菌就在我们自己身上，而不是在经济、政治或宗教诸如此类的领域中。在我们治愈自己的病根之前，我们如何能指望这个世界能够摆脱战争呢？

战争病菌如何起作用？

　　在那些主持国家事务的人身上，这些病菌最为致命。权力的魅力和追求权力的活动滋养了它们。考察第一次世界大战的起源及经过，可以清楚地看到它们是如何起作用的。虽然经济因素是一个诱因，但更深层和更具决定性的因素是人性——占有欲、争强好斗和虚荣心，而故意制造误差的欺诈行为又助长了所有这些因素。

　　在战前的二十五年里，从德意志皇帝 ① 的虚荣心，以及他对英国怪异的情感对他的虚荣心所产生的影响当中，可以发现一个最明显的征兆。了解他的性格使我们看到，爱德华七世对他外甥惯常的冷嘲热讽，是如何经常性地加重了后者性情当中最坏的那些倾向。

---

　　① 　指威廉二世，英王爱德华七世是他的舅舅。——译者注

德皇威廉二世

英王爱德华七世

到了战争爆发前决定性的几周，人们可以看到在奥地利和俄罗斯两国政府中，对过去遭受屈辱的怨恨和对任何新的"丢面子"可能的恐惧，产生了多么大的作用。这两国政府——尤其是它们的外交部部长——都宁愿让数百万人遭受苦难，也不愿意委屈他们那受伤的自尊心。而在危机刚刚爆发的关键阶段，由于受到德皇的怂恿而采取激烈的行动，奥地利政府被驱使到一个没有台阶可下的境地。

没有比这一时刻更能明白地显示出历史的讽刺，以及决定历史的那些因素的荒谬了。这场危机的起因是奥地利大公弗朗茨·斐迪南（Franz Ferdinand）的遇刺，凶手是几名斯拉夫青年，他们寻求并得到了塞尔维亚秘密团体"黑手党"① 的协助。他们杀死的是一名

---

① 塞尔维亚黑手党（Black Hand），1911 年，分裂后的塞尔维亚激进党的政治领袖建立了一个新的秘密团体，口号是"不统一毋宁死"。其正式名称是统一党，黑手党是其俗称。该党的宗旨是统一所有的塞尔维亚民族，并主张采取恐怖行动来实现这一理想。——译者注

刺杀发生之后的萨拉热窝

塞尔维亚的几名青年"爱国者"杀死的是一名在奥地利具有影响力的人物，这个人是他们的潜在盟友，本可以让他们的理想得以实现。

在奥地利具有影响力的人物，这个人是他们的潜在盟友，本可以让他们的理想得以实现。

奥地利政府尽管十分乐见斐迪南被刺，但却将其作为遏制塞尔维亚的借口。德皇威廉二世最初支持奥地利政府对塞尔维亚采取高压政策，似乎是对皇族血亲的牺牲感到愤慨，同时也担心如果他建议温和行事，会被责备为软弱可欺。后来当他看到战争已经迫在眉睫时想要打退堂鼓，但为时已晚。反过来奥地利政府也担心，如果稍显犹豫就会失去德国的支持，于是迅速对塞尔维亚宣战，而完全不顾此举会引发全面战争的风险。

而威胁塞尔维亚就是对俄罗斯的冒犯，后者将斯拉夫国家视为它的被保护国。在得到法国会给予支持的保证后，俄国政府决定在奥地利边境部署军队。但俄国军方随即介入，他们强调这样的局部动员在技术上是不切实际的，他们坚持要求全军总动员——也包括德国边境方向。

出于他们的"军事理由"，军方现在接管了一切。

德军总参谋部曾经撺掇奥地利总参谋部利用这一局势，现在又以俄国总动员为由，压制了威廉二世姗姗来迟的谨慎态度。他们的兵贵神速论成功地说服了德皇对俄宣战。随后法国也卷了进来——不仅因为法国是俄罗斯的盟友，更因为德国的军事计划本来就是为与这两国同时开战而设计的。这一计划如此僵化，以至于无法进行调整，否则就会全面崩溃。于是，尽管德皇和首相表示了微弱的反对意见，但德国还是对法国和俄国宣战了。

由于德国一直以来的军事计划就是借道比利时从而绕开法国的前线要塞，而破坏比利时的中立将会牵扯到英国，因为英国是比利时中立的担保国之一。我们（英国）之前已经以一种与法国的半独立式约定取代了传统的孤立政策，从而在三国之间形成了一个"戈尔迪之结"①，之后英军总参谋部背着内阁与法军总参谋

① 戈尔迪之结（Gordian knot），弗里吉亚（Phrygia）的国王戈尔迪（Gordius）制作的一个绳结，无头无尾，无人能解。亚历山大大帝来到这里后一剑劈开了此结，喻指用非常规的方法解决难题。——译者注

部达成的运输协议又使情况变得更为复杂。德国对比利时中立的破坏为英国解开了这个难题。

就我们这一方面来说，我们身不由己地被卷入这场战争是一个令人震惊的例证，它表明了做出模棱两可的承诺而不考虑后果和军事问题的弊端。另一方面，它也证明了，允许纯粹的军事理念基于技术理由制定硬性的计划，而不考虑政治、经济和道德等方面更为明智的意见，是一件愚蠢的事情。结果，当原定的军事计划行不通时，德国发现自己已经陷入了一个无法自拔的陷阱。

战争病菌如何顽强存续？

在所有国家耗尽国力之前，类似的影响还破坏了以令人满意的条件结束战争的一切良机。1917 年时德国的主和派控制了威廉二世，他们不仅准备撤出所有被占领地区，并且居然还要将几乎整个阿尔萨斯 – 洛林地区割让给法国——换句话说，法国不需要牺牲更多的生命就可以得到最终实际获得的一切。

根据伊舍勋爵后来所透露的，由于这一计划是通过（前总理兼外长）白里安①来进行的，气量狭小的里

---

① 阿里斯蒂德·白里安（Aristide Briand，1862~1932），法国政治家、外交家，第一次世界大战后主张对德和解，并因此在 1926 年获诺贝尔和平奖。——译者注

阿里斯蒂德·白里安

亚历山大·里博

博^①对此深感不满，因而破坏了它，而英国政府对此一无所知。"潜在的动机是（法国）外交部部长和外交部的嫉妒心理。"当这些事实后来为世人所知时，里博因此而下台。不过，此时的威廉二世已经因为求和遭拒而被迫重新回到了主战派的怀抱。

同样地，当奥匈帝国的新君试图摆脱德国而独自媾和时，他的试探也遭到了断然拒绝，从而错失了绝佳的机会——因为这与意大利外长桑尼诺（Sidney Sonnino）及法国总统普恩加莱^②毫无节制的野心是背道而驰的。他们向英美两国政府隐瞒了这一提议，却卑鄙地通知了德国人，将奥皇出卖给了他不想要的伙

---

① 亚历山大·里博（Alexandre Ribot，1842~1923），法国政治家，1917年时任法国总理兼外长，这两个职务的前任都是白里安。——译者注

② 雷蒙德·普恩加莱（Raymond Poincaré，1860~1934），法国战时总统及多次法国总理，带领法国参加第一次世界大战。有"战争的普恩加莱"称号，极力鼓吹战争，倡导对德复仇。——译者注

意外长桑尼诺

法总统普恩加莱

伴，从而破坏了这一计划。

在另外一方，个人之间的明争暗斗也同样屡见不鲜。霍夫曼将军①（General Hoffmann）也许是德军统帅部里最能干的大脑，在目睹了法尔肯海因派②与兴登堡－鲁登道夫派之间的激烈斗争后，他的反思是对这种状况最好的说明，因此值得引述：

当一个人近距离地观察这些权势人物时——

---

① 马克斯·霍夫曼（Max Hoffmann，1869~1927），德国著名的军事战略家，第一次世界大战期间参谋拟定了著名的坦能堡战役计划，但绝大多数荣誉为兴登堡和鲁登道夫所攫取。1923年出版《失去机会的战争》，批评法尔肯海因、兴登堡－鲁登道夫的战略和作战指导思想；1927年出版《坦能堡战役的真相》，反驳当时的官方说法，即该战役成功的战略计划主要归功于兴登堡和鲁登道夫。——译者注

② 埃里希·冯·法尔肯海因（Erich von Falkenhayn，1861~1922），法尔肯海因主张德国应该将战略重点放在西线，这与保罗·冯·兴登堡和埃里希·鲁登道夫的东线战略相冲突。——译者注

霍夫曼将军

任何仅论及战略和政治进程的战争史都只是呈现表象，更深层的人际互动对结果的影响也许更为深远。

他们之间的恶劣关系、他们彼此冲突的野心，以及所有的诽谤和仇恨——他必须牢记，在另外一边，在法国人、英国人和俄国人的阵营里，情况必定更糟，不然就很可能会精神失常……对权力和个人地位的争夺似乎能够摧毁一切个人品质。我相信唯一能保住名誉的人就是靠着自己的财产生活的人，因为他没有必要搞尔虞我诈和明争暗抢，外部条件对他没有什么吸引力。

任何仅论及战略和政治进程的战争史都只是呈现了表象，更深层的人际互动对结果的影响也许更为深远。难怪霍夫曼感叹道："这是我有生以来第一次在近距离观看'历史'，我现在知道它的实际过程与留给后世的截然不同。"

我们从历史中学到，战争会招致战争，这太正常不过了。战争的环境刺激了各种好战病菌的生长，这些变种往往会在战后找到适于生存的有利条件——暗含讽刺的是，这通常又被称为重建和平。

法尔肯海因

保罗·冯·兴登堡

埃里希·鲁登道夫

　　漫长而令人疲惫不堪的战争——尤其是交战一方表面上取得了决定性胜利的战争——结束之后的环境，特别适于战争病菌的复活。因为失败的一方理所当然地将他们的困境归咎于胜利的一方，认为所有的困苦都是失败造成的，而不是他们的愚蠢所致。他们觉得如果他们能够赢得胜利，就能避免所有这些恶果。

胜利的错觉

我们从历史中得知，彻底的胜利从来不曾给胜利者带来其所期待的结果——美好而持久的和平。胜利总是为新的战争播撒下种子，因为它让战败者滋生出一种伸张冤屈和报仇雪耻的愿望，也因为胜利培育了新的竞争者，当获胜方是一个同盟时——最常见也是这样——随之而来的发展就再正常不过了。这是排除了第三方制约的必然结果。

当情绪冷静之后，人们通常能够认清第一个教训。第二个教训则不那么明显，值得详细论述。一个过于彻底的胜利，必然会使缔结公正而明智的和约问题变得复杂起来。如果不再有反对力量对胜利者的贪欲加以制衡，同盟各方之间的观点和利益冲突就无法克制。于是分歧变得日益尖锐，使应对共同危险的同志之谊转变为彼此的敌视，最终盟友反目成仇——所以，一场战争中的盟友常常会成为下一场战争中的敌人。

真正意义上的胜利，意味着和平的局面以及国民的生存状态比战前要好。只有速胜或者长期作战与国家资源的耗费在经济上达到平衡，才有可能取得此种意义上的胜利。目标必须与手段相适应。为了维护和平而甘冒战争的风险，比为了胜利而耗尽国力要更为明智——这个结论虽然与惯例相反，但却得到过往经验的支持。的确，对历史经验的深入研究让我们得出了这样的结论：如果各国能够利用战争当中的间歇期讨论出一个和平解决方案，而不是为了"胜利"而进行战斗，往往会更接近目标。

当双方势均力敌，任何一方都没有可能快速取得胜利时，明智的政治家能够从战略心理学当中学到一些教训。一个基本的战略原则是，如果你发现敌人处于易守难攻的位置，那么就应该给他留出一条退路，这是瓦解其坚守意志最快捷的方法。同样地，这也应该是一条政策原则——尤其是在战时——为你的对手提供一架梯子，好让他从高处爬下来。

克制的重要性

我们从历史中学到，在任何一场长期战争之后，幸存者往往会达成共识，即没有真正的赢家，大家都是输家。只有迅速获得胜利，战争才是有利可图的。只有侵略者才期望速战速决，如果他进攻受挫，战争注定会长期化，并导致两败俱伤，除非双方能以协议的方式结束战争。

既然侵略者发动战争的目的是有所收益，因而他通常更愿意以协议的形式来寻求和平。而被侵略者则更加倾向于通过胜利来完成复仇——尽管所有的历史经验都已经表明，胜利不过是长期战争所造成的沙漠中的海市蜃楼。对复仇的渴望是很自然的，但它同时也是一种长期的自我伤害。而且即便这种渴望得以实现，也不过是带来了新一轮的冤冤相报。因此，一旦战争明显要被拖长，所有明智的政治家都应立即考虑以协约的形式来结束战争的可能性。

被侵略的一方主动求和是不明智的，以免被视为软弱和怯懦的表现，但是重视敌人提出的任何动议则是聪明的做法。即使最初的方案不够好，一旦对方政府已经出价，那么就不难让它提高价码。而且，这也是瓦解他们士气民心最有效的方法。当敌方的军队和人民发现轻易取胜的希望越来越渺茫时，他们自然就倾向于恢复和平，只要代价不是被征服。相反，受攻击一方常常有较强烈的战斗意志，因此他们比较容易坚持按他们满意的条件进行谈判。

古希腊的历史表明，相较于其他的政治制度，民主制度中情感支配理性的程度更甚，在情绪的主宰下，国家易于卷入战争却又难以脱身，不到你死我活不罢休。民主体制可以遏制战争准备，无论是侵略战争还是防御战争，但这种体制却无法对战争进行限制，也无法带来良好的和平前景。当群情激愤，没有哪种政治制度能比民主制度更容易失控。这些缺陷在现代民主国家中被成倍地放大了，因为这些国家的疆域已经大幅扩展，其数量庞大的选民也制造出更巨大的情绪压力。

历史应该教会政治家，在完全征服式的和平与真正克制的和平之间，没有中间道路。历史还表明，前者容易使胜利者陷入无穷无尽的麻烦当中，除非他能赶尽杀绝，然而这是不现实的。而后者需要一个足够合理的解决方案，使失败者不仅能够接受，而且还会为了其自身的利益而维护它。

在获得胜利后，惠灵顿公爵①（Wellington）对欧洲前途的最大贡献是与法国签订了和平协议。在占领被征服国家时，他像以往一样有意保护该国人民不受虐待，这一策略曾经为他铺平了入侵的道路。他竭力

---

① 阿瑟·韦尔斯利（Arthur Wellesley，1769～1852），第一代惠灵顿公爵，英国陆军元帅，1814年获封公爵，1815年联合普鲁士军队在滑铁卢战役中击败拿破仑·波拿巴，后两次出任英国首相。——译者注

惠灵顿公爵

　　要着眼于结果，而不是痴迷于手段。只有真正了解战争的人，才善于确保和平。

遏制盟友的报复行为，他甚至在巴黎的耶拿桥上设置了一个英国哨岗，以防布吕歇尔 ①（普军统帅）炸毁该桥，同时要求自己的军队必须树立温和有礼且自律的榜样。

在拟定和约条款时，普鲁士和其他日耳曼国家为了补偿损失和获得安全保障，均要求分裂法国并索要巨额赔款，惠灵顿公爵则动用所有的影响力抵制这种要求。他以非凡的洞察力认识到没有节制的愚昧，以及建立在压迫基础上的和平是根本靠不住的。后来的结果证明，他的克制政策是正确的。

正因为他真正了解战争，所以他才如此善于确保和平。他是最没有黩武精神的军人，也不贪求荣耀。正是因为他看到了和平的价值，因此才会在战争中立于不败之地。他一直着眼于结果，而不是痴迷于手段。

---

① 　格布哈德·列博莱希特·冯·布吕歇尔（Gebhard Leberecht von Blücher，1742～1819），德意志人，普鲁士元帅，作风雷厉风行，有"前进元帅"的称号。——译者注

和拿破仑不同的是，他不受战争浪漫气息的影响，那会导致错觉和自我欺骗。这就是拿破仑为什么失败而惠灵顿为什么会成功的原因。

历史上一再出现的错觉是，这次的敌人与过去完全不同，他们更加邪恶。令人注目的是，不仅这种印象一再出现，而且连措辞都一模一样。甚至当历史学家将目光从过去转向自身时代的问题时，都常常会失去平衡感。著名历史学家斯塔布斯（William Stubbs）曾经在 1860 年被问道，当英国正在为拿破仑三世的入侵而忧心忡忡时，为什么"英格兰人和日耳曼人一直是历史上爱好和平的民族"？（这对两国而言都是极端不符合历史的说法。）他对此的答复是"因为法国人今天的表现和一千年以来没有什么两样，那就是好斗、无德和虚伪"。

从另一方面讲，如果战争拖延了足够久的时间，紧张局势几乎必定会松懈。这在历史上经常发生，因为情况在不断变化，它们永远不会静止不动。不过，在试图推进和平进程时太过主动和急躁，常常也是危险的。紧张的战争局势只有两条路可走，如果可以不用投降就避免战争，最后它总会好转的。

条约的错觉

历史教给我们的一个明确教训是，如果各国政府认为继续遵守协议不再符合它们自身的利益，那么协议就将名存实亡。我无法想象，会有哪位严肃的历史学者对"条约的神圣性"这种空话念念不忘。

我们必须面对这样一个事实，即操纵国际关系的是利益，而不是道德原则。由此可见，条约的效力取决于共同的利益，这可以提供一种有效的保证。尽管在谈判中居于劣势是危险的，但当双方势均力敌时，谈判的前景就会比较乐观。因为在这种情况下，任何协议的达成都是基于这样的共识：单方获胜的可能性要远远低于两败俱伤，而且双方之后都很可能屈从于第三方的利益，后者要么在斗争中置身事外，要么仅做有限度的参与。

罗马人曾经说过这样一句格言："如果你想要和平，就要做好战争的准备。"但是他们打过的多场战争，以及自他们那个时代以来无休止的系列征战表明，这话有误，或者过于简单了，没有经过充分的思考。卡尔文·柯立芝[1] 在第一次世界大战后讽刺地说："没有任何国家拥有一支足以保证其在和平时期不受攻击或在战时稳操胜券的军队。"

通过研究战争是如何爆发的，我在第一次世界大战后得出一个更加接近事实的说法："如果你想要和平，就要了解战争。"第二次世界大战及其结果证明了这一说法更有说服力。它指向了一条通往和平的道路，这一道路比制定任何计划都更有希望。——事实证明，后者常常是空中楼阁。

任何的和平计划不仅是徒劳的，而且还很可能是危险的。和大多数计划一样——物质方面的除外——

---

[1]　卡尔文·柯立芝（John Calvin Coolidge，1872～1933），美国第 30 任总统（1923—1928）。——译者注

兵圣孙武

欲求和平，必先备战？欲求和平，必先了解战争。

和平计划也都因为忽视了人性而归于失败。更糟糕的是，计划带来的期望越高，它们的崩溃就越容易引发战争。

对于和平而言，不存在像医生开出的处方那样的万灵药。不过我们可以设定一系列可行的要点，即从人类自古以来的经验总和中，总结出一些基本准则：

研究战争并从战争史中吸取教训；

如果可能的话，保有强大的实力；

在任何情况下都保持冷静；

要有无限的耐心；

绝不把对手逼入死角，并且常常要帮他保全颜面；

换位思考，以便站在对方的立场看问题；

避免像恶魔一样自以为是，没有什么比这更令人盲目了；

摆脱两个常常是致命的错觉——胜利的观念以及战争无法限制的观念。

　　这些要点都或明示或隐含地出现在约公元前 500 年写成的《孙子兵法》一书中，该书是最早研究战争与和平问题的著作。自那个时代以后，人类的大部分战争都是无效的，这说明各国从历史中学到的教训是如此之少，但教训已经被深深铭刻下了。现在，随着氢弹的发展，双方唯一的生存希望就在于小心地维持这八项政策原则了。

知识分子的两难

　　知识分子及其批评者似乎都没有意识到思想者所固有的两难困境及其必然性。我们要面对这一困境，因为它是人类思想发育中的自然组成部分。

　　知识分子应该认识到，人类的情感——不受理性控制的情感——在多大的程度上造就了这个世界。如果他未能认识到这一点，他的思想必然是浅薄的，他的意见也必定是狭隘的。然而，一旦学会了思考并以理性为指导，他就不可能人云亦云，并因激烈变化的大众情绪而摇摆不定，除非他自己停止思考或故意违背自己的思想。后一种情况就像在实施智识自杀，"以一种凌迟般的方式"。

　　如果对过去左派知识分子的毛病进行更加深入的诊断，也许能够表明，他们的困境并非源于追随理性太深，而是追随理性还远远不够，不足以认清非理性的全面威力。他们中的许多人似乎也遭受到无法在国内外事务上都运用理性的痛苦，因为他们不能用理性来控制自身的情感。这样，他们就在无意中使国家陷入了上次大战的泥沼，最终他们自己也陷入了心智上的混乱。

乔治·奥威尔[①]曾经对此进行过相当尖锐的批判，并揭示了一个深刻的真理，他说："真正塑造世界的能量来自于情感。"他指的是"种族自豪、领袖崇拜、宗教信仰、好战"这些深层而强大的力量。知识分子自身的能量也是来自于情感，即对真理的热爱，他们渴望获得更多的知识和更多的领悟。世界史的研究充分表明了，这种情感为塑造世界做出了相当大的贡献。当思想者不再相信思想的指导力量，并且允许自己仅

[①] 乔治·奥威尔（George Orwell，1903～1950），英国左翼作家、新闻记者和社会评论家。著有《动物农庄》《一九八四》等名著。——译者注

乔治·奥威尔
　　奥威尔认为，真正塑造世界的能量来自于"种族自豪、领袖崇拜、宗教信仰、好战"这些深层而强大的力量。

仅充当当下主流大众的情绪媒介时，这种能量的源泉就会枯竭。

伯特兰·罗素（Bertrand Russell）在 1964 年说，"使各国政府和民众认识到核战争的灾难这一任务已经基本完成"，他接着又说，这一说服工作借助"一系列煽动人心的手段"才得以完成。如果说还有一件事情看起来能够确认的话，那就是这种煽动的效果远不如合乎逻辑的论证。军事领袖们能够转变思想认知，并领悟到核战争是徒劳和自我毁灭的，正是逻辑论证之功。

历史见证了"先知"在人类进步中所发挥的至关重要的作用，这也证明了毫无保留地表达其所见到的真理的终极实践价值。然而，历史同样表明，先知们所见到的景象要想被接受和传播，往往取决于另外一类人——领袖。他们是沉着冷静的战略家，能够在真理与人们的接受能力之间达成妥协。他们的成效常常取决于他们对真理的感知程度，以及他们在宣扬真理时的实用智慧。

伯特兰·罗素

核战争是无效的，且具有自我毁灭性。

先知必须殉道，那是他们的命运，也是他们成道的考验。然而，一位领袖如果也以身殉道，则只不过证明了他的失职——要么是因为缺乏智慧，要么是因为他混淆了领袖与先知的职能。只有时间能够证明，这种牺牲能否弥补他作为一个领袖表面上的失败，尽管这给予了他男人的荣耀。至少，他避免了领袖更常犯的错误，即为了权宜而牺牲真相，最终对事业却没有益处。任何习惯于为了利益而隐瞒真相的人，他们思想的子宫中都将产生畸形的胎儿。

有没有一个可行的方法，可以将实现真理的过程与接受真理的过程相结合呢？对战略原则的反思提供了一个可能的方案，该原则指出，既要坚守始终如一的目标，又必须以适应环境的方式追求目标。

真理必然会遭到反对，特别是当它以新观念的形式出现时，但对真理的抗拒程度是可以被减弱的——不仅要考虑目标，还要考虑实现目标的方法。不要对长期阵地发起正面进攻，而是要迂回到它背后，则它薄弱的一面就会暴露在真理的突击之下。不过，在采取任何这种间接路线时，都要注意不可偏离真理。对真理的真正进步来说，误入非真理的歧途是最致命的。

　　从个人经验中寻求例证，可以帮助我们更好地认清这些反思的意义。回顾各种新观念逐步获得认可的过程就可以看出，当它们不是以全新的面目出现，而是作为曾经被遗忘的古老原则或惯例在现代复活时，它们就会更容易被接受。这不是欺骗，而是要用心找到它们之间的联系，毕竟"太阳底下没有新鲜事"。

　　一个明显的例子是，展现机动装甲车（快速坦克）从本质上是继承装甲骑兵，重现骑兵在古代的决定性作用的一种自然手段，通过这种方法减弱了人们对机械化的反对。

服从的局限性

即便是那些伟大的学者也认为，要想指挥就必须学会服从，没有比这种谬论更不符合历史事实的了。在过去，许多海军和陆军军人都是桀骜不驯的——想一想英国的沃尔夫①和惠灵顿、纳尔逊②和邓唐纳德③；在法国，拿破仑的元帅们在这方面至少配得上他们的统帅。

---

① 詹姆斯·彼得·沃尔夫（James Peter Wolfe，1727～1759），英国陆军军官，因在争夺北美殖民地时击败法军而留名，被称为"魁北克征服者"。——译者注

② 霍雷肖·纳尔逊（Horatio Nelson，1758～1805），英国海军将领及军事家，在尼罗河口海战、哥本哈根战役及特拉法尔加战役等重大战役中率领皇家海军获胜。——译者注

③ 托马斯·科克伦（Thomas Cochrane，1775～1860），英国海军少将，第十代邓唐纳德伯爵（10th Earl of Dundonald），曾因批评上级而被逐出海军。——译者注

詹姆斯·沃尔夫

霍雷肖·纳尔逊

邓唐纳德伯爵

　　罗伯特·李[1] 在西点军校的言行完美无瑕，没有一条违规的记录，因而被同学称为"大理石像"。谢尔曼[2] 和格兰特[3] 的经历和他恰恰相反，他们难以忍受那些琐碎的校规，常常不服管束。即便谢尔曼后来升任美国陆军总司令，在回顾往事时仍然挖苦道："那时，和现在一样，衣着整洁、严守纪律是对军官的要求，而我想我在这些方面都不怎么出色。"至于格兰特，当他还是一名士官生时就热切地希望能够通过一项法案废除掉这些制度，这样他就不用再被它们折磨了。

　　将他们年轻时的记录与李将军的记录做个比较，任何研究心理学的人都会同意，如果有机会，他们在

---

　　① 罗伯特·李（Robert E. Lee，1807~1870），美国军事家，南北战争中南方联盟统帅。——译者注

　　② 威廉·特库赛·谢尔曼（William Tecumseh Sherman，1820~1891），美国南北战争中北军将领。——译者注

　　③ 尤里西斯·辛普森·格兰特（Ulysses Simpson Grant，1822~1885），美国军事家、陆军上将、第18任美国总统，他是美国历史上第一位从西点军校毕业的总统。在美国南北战争后期任联邦军总司令，屡建奇功。——译者注

罗伯特·李将军

谢尔曼

格兰特

后面的生涯中更有可能成为优秀的指挥官。同样，这两人中无论谁与李将军在战争的严峻考验中一争高下，他们胜出的可能性也更高。

模范少年很少有远大的前途，即便有，也会在面临重大考验时犹疑不决。一个完全遵守校规的孩子长大后不太可能通过打破职业陈规而取得成功——因为大部分的成功正是这样得来的。对于一个不仅是部队指挥官而且也是政府战略顾问的人来说，还要具备广阔的视野，这又降低了他成功的可能性。李将军的指挥才干不在于他传奇般的天赋，而在于他克服障碍的方式——这些障碍更多是来自内部而不是外部。

武力的问题

　　我对历史经验的反思越多，就越发认识到以武力获得的解决方案是不牢靠的，甚至也怀疑那些看起来靠武力已经解决问题的案例。但现在的问题仍然是，我们是否有条件消除世界上的武力，且不必冒着丧失理性的风险。

　　此外，即使我们有强大的意志能够承担这样的风险，我们是否有能力消除武力也是一个问题。因为意志力薄弱的人会紧抓住武力的保护不放，从而破坏不抵抗主义可能发挥的作用。这种困境有没有出路呢?

　　至少有一种解决方案有待尝试，那就是武力的主人应该是那些能够掌控所有动武欲望的人。这一方案是萧伯纳在《芭芭拉少校》（*Major Barbara*）中所持观点的延伸：战争将一直持续下去，直到火药的制造者成为希腊语教授——在这里他想到的是吉尔伯特·默里[1]——或者希腊语教授成为火药的制造者。而萧伯纳的观点则来自于柏拉图的结论：除非统治者成为哲学家，或者哲学家成为统治者，否则人类事务将永无宁日。

如果武装力量是由那些深知使用武力的错误的人来掌握，这将是最有可能确保武力不被滥用的方法。万一文明的敌人迫使他们使用武力，他们也将发挥出武力的最大作用。因为战争越复杂，指挥作战的效率就越依赖于对战争性质和效用的理解。而对现代战争的研究越深入，对战争无用的信念就越强。

---

[1] 乔治·吉尔伯特·默里（George Gilbert Murray 1866～1957），英国知识分子，20世纪上半叶古希腊语及古希腊文化权威，也是萧伯纳的戏剧《芭芭拉少校》中军火商安德谢夫的原型。——译者注

吉尔伯特·默里

柏拉图认为，除非统治者成为哲学家，或者哲学家成为统治者，否则人类事务将永无宁日。

限制战争的问题

战争可以被限制吗？从逻辑上来讲答案是："不能。战争属于暴力范畴，在使用任何能够帮助你赢得战争的极端暴力时犹豫不决，这不符合逻辑。"

历史则回答道："这种逻辑是一派胡言。参战是要赢得和平，而不是为了战斗而战斗。极端的暴力可能会阻碍你实现目标，胜利反而会成为伤害到胜利者的'回旋镖'。而且，战争已经在诸多方面受到限制，这也是历史的事实。"

读一读恺撒自己写的《高卢战记》（*Campaigns in Gaul*），你就会发现，比起这位饱受赞誉，同时也是古典学者所敬仰的罗马文明的鼓吹者，希特勒可以说是相当的和善。但是比起罗马帝国及"罗马和平"崩溃后的中世纪时我们（英国）自己以及所有西欧民族的祖先，最残暴的罗马人都算是温和的。撒克逊人和法兰克人的习惯是杀掉前进道路上的所有人——男人、女人和孩子——而且还对城镇和庄稼进行大肆破坏。

了解那时候的"全面战争"是如何变得不那么残暴并逐渐人性化的，这很重要。这是一个"跌宕起伏"的故事，但远不止于此。

拯救人类的第一个势力是基督教会。甚至在使西方的异教徒征服者皈依之前，它就常常利用迷信设法约束他们的野蛮行为。其中一个最令人注目的成果是一场双管齐下的运动。10 世纪时发起的"上帝的和平"（Pax Dei）目的是保护非战斗人员及其财产；之后的"上帝休战"（Truce of God）旨在通过确定休战期来限制可以进行战斗的天数。

另一个提供了更广泛的助力的是"骑士准则"（the Code of Chivalry），它似乎发源于阿拉伯地区。此种精神尽管有这样那样的缺陷，但的确通过使战争形式化从而让战争变得更为人性化。

经济因素也有所助益。以赎金交换战俘的习俗也许更多的是出于获利的动机，而不是一种骑士行为，但本质上仍算是一种善意——结果是好的。最初，它仅适用于有能力支付赎金的人。但像所有的习惯一样，这种习俗逐渐发展成一种通行的惯例，即给失败者留条活路。这就向前迈出了一大步。

作为职业军人，雇佣兵的普及也促进了这种节制习惯的传播。先是雇佣兵们逐渐意识到，彼此在行动上有所克制对双方都有利。接着他们的雇主也意识到，对雇佣兵掠夺对方平民的恶习加以约束对彼此都有好处。

不幸的是，宗教改革所引发的宗教战争导致了严重的倒退。教会的分裂破坏了它的权威，使它从（暴力的）约束者变为推动者。它点燃了仇恨的怒火，激起了对战争的狂热。这一时期的高潮是"三十年战争"，德意志诸国一半以上的人口都直接或间接地死于这场战争。

三十年战争

191

然而这些战争都不像中世纪时那么野蛮。而且，暴力的放纵引发了普遍的反感，也因此带来一个巨大的、前所未有的进步。在战争中走向极端也许是符合逻辑的，但却是不明智的。

另外一个重要的影响是更为正规和礼貌的行为方式在社会生活中的发展。这些举止规范也扩散到了国际关系领域。这两个因素——礼貌与规矩——挽救了处于崩溃边缘的文明。人们逐渐觉得，在维持过得去的世俗生活和人际关系方面，行为要比信仰更重要，习俗也比教义重要。

18世纪在战争习惯和减少战争罪恶方面所取得的进步，是人类文明的伟大成就之一。它展示出一个前景，即借助形式化逐渐对战争加以限制，有可能最终消灭战争。这一时期的作战手段没有发生重大变化也有助于这一进步的发生。因为经验表明，那些打乱了现有秩序的新进展，无论技术上还是政治上的，常常会伴随着战争中暴行的增加。

　　18 世纪末，法国大革命打破了在战争中对暴力的限制，这显示出重大的政治变革坏的一面。不过，法国大革命期间最为残酷的战争也没有 17 世纪的宗教战争那样恐怖。而拿破仑战败后针对法国的和平条款也明智地有所克制，因而促进了文明的恢复——这在很大程度上要归功于英国的影响力，惠灵顿公爵和卡斯尔雷子爵是英国的参会代表。此事最好的证明便是，欧洲要再过半个世纪才爆发另外一场大战。

　　总体上看，19 世纪见证了战争中的人道主义制约趋势的继续。这体现在 1864 年和 1906 年的《日内瓦公约》①（ *the Geneva Conventions* ）以及 1899 年和 1907

---

　　①　1864 年 8 月 22 日，瑞士、法国、比利时、荷兰、葡萄牙等 12 国在日内瓦签订《改善战地武装部队伤者病者境遇之日内瓦公约》。1906 年该公约进行了修订，名为《改善战地武装部队伤者病者境遇的公约》。——译者注

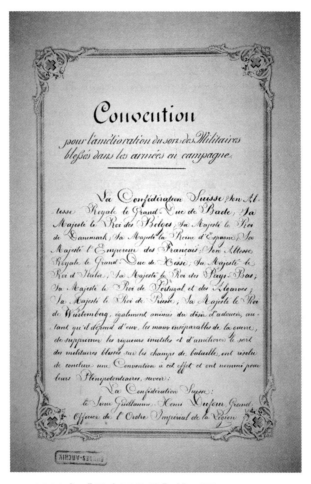

1864 年《日内瓦公约》第一页

总体上看，19 世纪见证了战争中的人道主义制约趋势的进步。

1907 年第二次海牙会议

《海牙公约》具有普遍约束力，至今仍然有效，对在战争中实行人道主义原则起了促进作用。

年的《海牙公约》①（ *the Hague Conventions* ）当中。前者主要涉及对伤员的保护，后者适用的范围则更广。

而内战却有向极端暴力演变的趋势，此类冲突在 19 世纪中叶出现过一次重大发展。

美国南北战争是铁路、轮船和电报构成重要因素的第一场战争，这些新的工具对战略产生了革命性的影响。另外一个重大变化来自于人口的增长和集中化的趋势——它们都是工业化日益发展的产物。工业化的总体作用是既提升了经济指标又提升了道德指标，同时也使这两者更加脆弱。这转而强化了打击对方军事力量源头的动机，而不是打击其护盾——武装部队。

这是现代民主制度之间的第一场战争，谢尔曼非

①　第一次海牙和平会议于 1899 年 5 月 18 日~7 月 29 日举行，与会各国签订了《和平解决国际争端公约》《陆战法规和惯例公约》《关于 1864 年 8 月 22 日日内瓦公约的原则适用于海战的公约》等公约。第二次海牙和平会议于 1907 年 6 月 15 日~10 月 18 日召开，新订了 10 项公约，总计 13 项公约和 1 项宣言。——译者注

常清楚地认识到，民主制度的抵抗力更多地取决于人民的意志力，而不是军队的力量。他根据实现整体战略中首要目标的需要，巧妙地调整自己的策略。他在南方的心脏地带长驱直入，破坏南方的资源，这是最为有效的方法，可制造并散布一种无助感，以瓦解对方继续作战的意志。

谢尔曼在敌人后方的军事活动所进行的破坏，为之后的南方留下了多年痛苦的回忆，也使谢尔曼的历史声望大打折扣。如果不是林肯被暗杀后北方的激进主义者占了上风，致使和平的解决方案受到他们的报复心理的支配，南方的苦难和贫困是否还会如此持久和严重，也是值得怀疑的。谢尔曼本人并没有忘记实现和平需要克制，他为约翰斯顿①的部队草拟的降书条

----

①　南北战争时南方有两位约翰斯顿，这里指的是约瑟夫·埃格雷斯顿·约翰斯顿（Joseph Eggleston Johnston，1807～1891），1865 年向谢尔曼投降。另外一位阿尔伯特·西德尼·约翰斯顿（Albert Sidney Johnston）是南方第一任西线总司令，1862 年阵亡。——译者注

款十分宽大，因此受到了华盛顿政府的强烈斥责。此外，他还一再强调妥善对待南方被征服地区、与之和解并助其恢复的重要性——为了这个靠武力再次统一起来的国家的未来。

当前，战争的人道进程受到三种因素的危害。其一是征兵制的继续存在。另外一个是新战争理论的出现。该理论出自普鲁士的克劳塞维茨，它整合了革命战争及拿破仑战争实践中所有最危险的特征。克劳塞维茨奉行极端的逻辑，认为战争中没有节制的余地："战争是一项追求最大限度暴力的活动。"随着思考的深入，他开始意识到这种逻辑的荒谬。不幸的是，他还没来得及修正自己的著作就去世了，而他的信徒们只记得他那极端的初始观点。最后一个同样在成长中的危险因素是，武器的惊人发展。

在这些因素的综合影响下，1914 年至 1918 年的战争不仅开局很糟，而且每况愈下。和约的本质更加重了战争的恶果。任何精神尚未永久垮掉的民族，都会设法摆脱这种苛刻而耻辱的条款。当和平到来时，

克劳塞维茨

　　战争就是不择手段？可惜他至死也没来得及修正自己前期的观点。

欧洲已陷入疲惫和混乱的状态，多年的无限制暴力导致生活水平的普遍下降，使得欧洲的前景更为黯淡。

第一个后果在第二次世界大战爆发前就已经显现，即为国家服务的人民组织得更加完善。第二个后果体现在第二次世界大战中对被占领国家的居民更为严酷，而且常常是残暴的处置。

相反，第二次世界大战中的军事行为在很多方面要好于第一次世界大战。即使在最坏的情况下，它也从未跌落到18世纪之前的水平。总体而言，各国军队继续遵守既定的战争规则，军事暴行似乎的确要比第一次世界大战时少。

不幸的是，新式武器的出现抵消了这种文明的进步。人们未曾考虑到要对新式武器进行明确的限制，也未能及时制定规则。结果，空中力量的大幅增长导致其从空中进行轰炸时，完全无视人道主义限制。这造成了大规模的破坏和生活条件的恶化，自"三十年战争"以来还未有过如此糟糕的情形。确实，第二次世界大战中被摧毁的城市数量超过了自成吉思汗和帖

1940 年伦敦大轰炸后的荷兰屋图书馆

空中力量的大幅增长导致从空中进行轰炸时，完全无视人道主义限制。

木儿远征以来的任何战争。

我们迄今为止所知的"全面战争"（total warfare）与核时代不能相容。全面战争意味着暴力的目标、投入和程度都是无限的。以核力量进行无限战争是愚不可及的，那将是相互毁灭。下一代最有可能发生的冲突形式，我称其为"颠覆战"（subversive war）。除此之外，它就只能是其他形式的"有限"战争。

裁军问题

在第一次世界大战之后的国际安全竞赛中，"裁军"不仅起步晚，而且跑得像蜗牛一样慢。1932年，经过漫长的初步讨论之后，世界裁军大会终于在日内瓦召开。就在裁军大会开幕前的几个月，日本在远东试探性地开启了它漫长的侵略进程。

第二次世界大战结束后的第二年，裁军计划复苏了。裁军突然成为联合国议程中位于前列的事项，尽管1946年秋季联合国大会在纽约召开时还没有提到裁军问题。

裁军议题的复苏是以一种间接的方式出现的，起因是苏联提议对各个国家境外驻军的数量进行调查。一开始这仅仅是引发了一系列争论，但是却出乎意料地达成了全面裁军的决议，接着还令人惊讶地在原则上接受了国际核查——这之前曾经被认为是侵犯主权而遭到反对。肯尼迪和赫鲁晓夫签署的《部分禁止核试验条约》（*Partial Test Ban Treaty*，PTBT）当中部分地落实了这一原则。

经验表明，在任何国际安全或裁军计划中，都有一个虽不甚明显但却根本的缺陷，就是专家们的观点难以调和。会议一再因技术上的扯皮而延长，达成协议的前景变得渺茫，政治气氛也变得紧张。这一点儿都不奇怪。

就战争的深层问题（与指挥作战完全不同）征求陆军司令、海军上将或空军元帅的意见，就像向本地的药剂师咨询如何治疗顽疾。无论他们对配药多么在行，他们都不关心疾病的成因和后续发展，也不在意患者的心理状态。

尽管经验已经表明，国际预防战争计划是靠不住的，不过早期的经验也显示，由于敏锐地意识到相互克制从长远来看对本国利益是有益的，因而有可能培养出一种遵守克制原则的习惯。战争越"形式化"，它

1963 年 10 月 7 日，肯尼迪总统在《部分禁止核试验条约》上签字

战争越"形式化"，它所造成的损害就越小。

所造成的损害就越小。过去在这个方向上的努力已经取得了超出普遍认知的成功。

独立国家不承认主权有高下，它们之间的战争与个人之间的战斗基本相似。在对这种致命争斗进行约束的过程中，中世纪早期的司法决斗起到了积极的作用，直到国家的权威足够普及和强大到能够强制执行法律判决时为止。在司法决斗的正式规则被接受之后很久，"个人之战"（individual warfare）才被实际废除，取而代之的是根据法律程序做出的司法裁决。孟德斯鸠在《论法的精神》一书中恰当地总结了这些规则的价值所在。他指出，正如许多聪明的事情是以非常愚蠢的方式操作一样，一些愚蠢的事情的处理方式反而是非常聪明的。

中世纪晚期，当混战动摇了教会和国家的权威，"个人之战"就又以决斗的名义死灰复燃。在16世纪的意大利，繁复的规则抑制了决斗的危险性，并使其渐渐消失——规则导致决斗失去了意义。在其他地方，特别是在法国，决斗存在的时间较长，但是可以看出

孟德斯鸠

　　个人决斗是愚蠢的，但加以规则约束的司法决斗却是聪明的。

来，决斗的日益形式化是其中的一项重要助力，它使得法律、理性和人文关怀共同努力来废止这种行为。即便是从最坏的方面看，决斗的习俗也为极端的情绪提供了一个规范的出口，从而遏制了个人杀戮更为猖獗的复苏。

与之相似的是，文艺复兴时期意大利城邦之间的战斗，以及18世纪欧洲民族国家之间更大规模的战争，不仅证明了人类的好斗性，而且也显示出约束它的可能性。这些战争是人类侵略本能和好斗天性的发泄途径，同时为了文明的福祉又将它们的破坏力限制在一定范围之内。此类战争有其必要性，理想主义者不会愿意承认，然而它们限制战争罪恶的效果要超出一般人的认知。

非正规战争的问题

　　世界范围内各种形式的非正规战争的发展，包括游击战、"颠覆战"和"抵抗运动"，使得裁军或从形式上规范战争的前景变得越来越复杂。

　　在 20 世纪的各种冲突中，游击战争比以往任何时候都更为突出，而且也只有到了 20 世纪，它才在西方军事理论中引起些许关注，尽管早先不乏非正规部队采取武装行动的先例。克劳塞维茨在其皇皇巨著《战争论》中只用了一个短小的篇幅来讨论这个问题，还是在第六卷第三十章将近结束的地方，那一章是在分析"防御"的各个方面。他将"武装人民"作为对抗入侵者的防御措施，并阐述了成功的基本条件及其局限性，但没有讨论相关的政治问题。他也没有过多提及西班牙人民对拿破仑军队的抵抗活动，而这是他那个时代的战争中表现最为突出的游击活动，自此"游击"一词进入了军事领域。

一个世纪以后，劳伦斯（T. E. Lawrence）的《智慧七柱》（*Seven Pillars of Wisdom*）一书对游击战进行了更广泛和深刻的论述。他精湛的游击战理论构想集中阐述的是它在攻击方面的价值，这也是他在阿拉伯反抗土耳其起义期间的经验和反思的综合产物。这一起义既是争取独立的斗争，也是协约国对土作战的一部分。第一次世界大战中游击战只在阿拉伯的外围战役里发挥了重要作用，而在欧洲战场上则不值一提。

然而在第二次世界大战中，游击战变得如此广泛，几乎成为战场上的普遍现象。在所有被德军占领的欧洲国家和大多数被日军占领的远东国家都出现了游击战。它的发展可以追溯到劳伦斯所造成的深刻印象，特别是在丘吉尔的心目中。1940 年德国占领法国并孤立了英国之后，运用游击战作为一种反抗手段遂成为丘吉尔战争策略的一部分。这些抵抗运动取得了不同程度的成功，其中最为有效的是南斯拉夫铁托（Josip

身穿阿拉伯服装的劳伦斯

如果没有正规军吸引敌人的注意力，武装抵抗的效果还不如普遍的消极抵抗，其招致的报复要比给敌人造成的伤害更为严重，给自己的人民带来更大的伤害，而且也不利于战后重建。

Broz Tito）领导下的共产党游击队。

不过，与此同时，中国共产党从 20 世纪 20 年代开始在远东地区组织了规模更大、持续更久的游击战。毛泽东在领导层中起到了越来越大的主导作用。

从那时开始，游击战和颠覆战相结合，在东南亚相邻地区取得了广泛的成功，并蔓延到世界上其他地区，在非洲，从阿尔及利亚开始，在塞浦路斯，在大西洋彼岸的古巴，现在又再次回到了中东。这种战争形式在今天更有可能继续发展，因为它是唯一适应现代条件的战争形式，同时又十分适于利用社会不安、种族冲突和民族主义热情。

关于游击战有两部最重要、最有影响力的著作。一本是 1937 年日军全面侵华后毛泽东所著的《论持久战》；另一本是切·格瓦拉（Che Guevara）在 1960年所写的小册子，里面综述了菲德尔·卡斯特罗（Fidel Castro）所领导的古巴革命中所使的方法和取得的经验。

至于抵抗运动的作用，武装抵抗力量在第二次世

古巴丛林中的切·格瓦拉

  抵抗运动的效果很大程度上取决于它跟正规军的配合程度，必须有正规军在正面战场作战牵制住敌人的后备力量。

界大战时无疑对德军造成了相当大的压力。不过，在分析这些敌后活动后会发现，它们的效果似乎在很大程度上取决于它们与一支强大正规军的行动相配合的程度，正规军在正面战场上与敌人作战牵制住了敌人的后备力量。如果没有一个吸引了敌人主要注意力的强大的攻势或者紧迫的威胁与之相配合，抵抗运动就不过只是一种骚扰。

在其他时候，它们的效果还不如普遍的消极抵抗，而且还会给本国人民带来更大的伤害。它们招致的报复要比给敌人造成的伤害更为严重。它们给敌人提供了采取暴力行动的机会，这往往成为敌方守备部队缓解紧张情绪的有效手段。游击队所直接造成的，以及敌方在报复过程中间接造成的物质损失，给自己的人民带来了极大的伤害，而且最后也不利于解放后的重建工作。但是最严重且持久的障碍还是在心理层面。

相较于正规战争，在非正规战争中更容易养成暴力的习惯。在前者中，对法定权威的服从可以抵消暴力习惯，而后者却具有反抗权威和破坏规则的特点。

在这样一个已被侵蚀的基础上，要想重建家园、恢复稳定是十分困难的。

通过反思劳伦斯在阿拉伯的行动以及我们就此进行的探讨，我逐渐认清了游击战的危险后果。我所写的关于阿拉伯游击战的书，以及我对游击战理论的阐述，在上次大战中被很多民兵组织和抵抗运动的领导人当作指南。但是那时我已经开始对游击战的长期后果——不是对它的短期功效——有所怀疑。作为土耳其的继任者，我们（英国）在劳伦斯曾经开展阿拉伯起义的地区一直麻烦不断，而这一切的源头都可以追溯到游击战。

对一个世纪前半岛战争①的军事史的重新审视，以及对之后西班牙历史的反思，更加深了我的这些疑虑。在那次战争中，拿破仑击败了西班牙的正规军，但取

---

① 半岛战争（Peninsular War），时间在1808—1814年，发生在伊比利亚半岛，交战方分别是西班牙、葡萄牙、英国和拿破仑治下的法国。西班牙游击队和葡萄牙民兵曾经痛击法国军队。反法联盟最终取得了胜利。——译者注

半岛战争

半岛战争瓦解了拿破仑对西班牙的控制，但并没有为解放后的西班牙带来和平。在非正规战争中养成的暴力习惯，导致西班牙在紧接其后的半个世纪中武装革命不断涌现。

代西班牙正规军的游击队取得的胜利抵消了法军的战果。这是有史以来反抗外来征服者最有效的人民起义之一。在破坏拿破仑对西班牙的控制并瓦解其权利基础方面，它的贡献要比惠灵顿的胜利大得多。但是它并没有给解放后的西班牙带来和平，在紧接其后的半个世纪里，武装革命不断出现，并在 20 世纪再次爆发。

现在从历史经验中学习还不算太晚。用相同的手段还击敌人的"伪装战争"（camouflaged war），无论想法有多么的诱人，更明智的做法还是设计和追求一种更精致、更具远见的应对策略。

世界秩序问题

要想预防战争，一个显而易见的方案就是世界联邦，所有的国家都将绝对主权让渡给该联邦——它们目前声称，在决定本国各方面政策及处理涉及自身利益的争端时，它们拥有最终裁定权。

不管在理想主义者看来，这是多么的令人遗憾，但历史的经验却不足以使人相信，真正的进步以及使进步成为可能的自由在于统一。当统一有能力确立思想上的一致时，它也往往止步于这种一致性，从而扼杀了新观念的出现。而当统一仅仅带来人为的或强加的一致时，它所引发的反感就会导致矛盾和分裂。

活力源于多样性。只要有相互包容的精神，多样性就会促成真正的进步。这种包容精神的基础是，认识到抑制分歧比接受分歧的后果更糟。因此，对于那种能够带来进步的和平，基于均势的相互制衡是最可靠的保证，无论在国内政治还是国际关系领域中都是如此。国际方面，只要平衡得以保持，"均势"就是一种合理的理论。但是"均势"或者现在所谓的"恐怖平衡"常常失衡，从而引发战争。这使得人们日益迫切地寻求一种更为稳定的解决方案，就是合并或者联邦。

联邦是更有希望的方法，因为它体现了必不可少的合作原则，而统一所代表的却是一种垄断的原则。任何权力的垄断都会导致一再被证明的历史真相，即阿克顿勋爵[①]（Lord Acton）的名言："所有的权力都滋生腐败，而绝对的权力滋生绝对的腐败。"（All power corrupts, and absolute power corrupts absolutely.）即便是联邦也不能免于这种危险，因此应格外注意确保相

①　约翰·爱默里克·爱德华·达尔伯格 – 阿克顿（John Emerich Edward Dalberg–Acton，1834～1902），第一代阿克顿男爵，英国剑桥大学历史系教授，历史学家，理论政治家，自由主义运动的著名人物。——译者注

阿克顿勋爵

阿克顿勋爵有言：权力导致腐败，绝对权力导致绝对腐败。

互制衡以及必需的平衡因素，以修正制度性联合体的天然倾向。

在连续几次大规模的整合中，联邦制已经证明了它能够有效地维护不同民族之间的和平。在实行联邦制的国家里，它都经受住了危机的考验。尽管美利坚合众国是最常被提到的联邦制的成功证明，但在某些方面，瑞士联邦更值得注意。不过显而易见的是，在短时间内世界联邦的观念还不可能被人们所接受。

世界信仰问题

　　作为我们这个时代的历史学家，我有太多的机会看到活人是如何成为传奇的，以及领袖或先知的言行是如何被那些毫无事实根据的故事所包装的。这些故事激起的个人奉献精神越大，它们就越深入人心。在现代条件下有这么多考证办法可供查验事实时尚且如此，那么在历史意识尚未成形且缺乏核查手段的年代，情况就更可想而知了。

　　此外，作为古代史学者，我十分清楚即便是在古代的历史作者当中，严格忠于事实的观念也不常见，大部分人关注的是提出新的经验教训。慎重地对待史实对他们来说是一种新的观念，然而在宗教导师看来却无关紧要。编撰福音书是为了将其当作宗教教学和宗教崇拜的基础，而不是为历史服务。不能忽视这种目的上的根本差异。

　　最早的福音手抄本出现在公元 4 世纪。它们是抄本的抄本，在这个相当长的时间跨度里，任何抄录者都可能改变原文，使之符合他们那个时代的宗教观念。除了传统上认定最早的福音书成书于公元 1 世纪后半叶，《圣经》学者再无其他凭据。如果他们的推断是正确的（这确实是推测），我们也无法知道在之后的三百年里有多少内容被修改了——在此期间，教会内部出现过多次的争议和分裂。

　　即便根据最乐观的估计，至少在一代人的时间里，门徒们的记忆仍然是口口相传的——这么长的时间足以使任何记忆被情绪化的回顾所粉饰和改变。因为我们必须记住，那些门徒是在怀疑和反对的压力之下宣扬他们的信仰的。如果他们没有倾向于"改进"基督的言行以迎合批评和取信于人，那就不符合所有人类的经验。

　　基督教教义本身同时也处于演变当中，并影响到了它的文本。认为有思想的人应该继续相信两千年前在黎凡特①–罗马世界极度迷信的精神氛围中形成的神话和教条，我可以理解这种说法，但认为它是极其不合理的。这种教义是令人瞠目的政治幕后操纵的结果，是几个轻信而迷信的罗马皇帝的淫威所强加的，他们主要关心的是获得能够帮助实现他们权力野心的"魔法"。

我发现，在与品格高尚的人打交道时，如果他们是虔诚的和正统的基督徒，他们的话还不如非基督徒那样可信。一个好人如果还是一个好教徒的话，他很有可能把他认为是好的事情排在真理前面。这不足为奇，因为任何热衷于真理的人都很难像这个好人一样，毫无困难地将神话作为史实全然接受。后者狂热的信仰使他迟钝到了轻信的程度。

许多基督教学者一方面承认无法考证历史上的耶稣，另一方面在谈到福音书中讲述的事件时，又好像

---

① 黎凡特（Levant）是一个不精确的历史上的地理名称，位于今天地中海东部一带。——译者注

它们真的发生过一样。这种包容能力说明他们对不同程度的真理缺乏敏感。

过于强调基督教的历史性使得教会给自己招致了不必要且无穷尽的麻烦。如果教会只是打算将基督故事作为宗教真理来介绍，那么这些困难是可以克服的，它的进步也将更有保证。因为它可以借此更好地培养不断启示和持续进化的观念，教导人类要向前看而不是向后看——教会在向后看这方面也许做得太过头了。

要想确立由事实陈述构成的信仰，历史的沙粒无法提供稳固的基础。我们可以在这些沙粒上构建一个笼统的结论，但如果我们将信仰完全寄希望于历史细节，那么这些沙粒很容易就会被知识的海浪冲走，信仰也会破灭。如果我们依赖于广泛的经验真理，我们就能更加清楚地觉察并且吸纳超越底层意识的精神。那就是生命的气息。

我将简要地说明我是如何找到上帝存在的证据的，这一证据能够用理性来解释。在这个到处是邪恶而且自私明显占有优势的世界中，却维持着一种非尘世的、不可抑制的善良潮流。按照人类的标准，自我牺牲和舍己为人毫无意义，然而有无数的事例证实了这种无私的动机。除了存在一种更高的灵性之源，还能如何解释呢？

最优秀的人已经意识到，他们只不过是窗户。光线透过窗户照射进来，但这光线不是他们自己制造的，而像是灵性的阳光。或者换句话说，他们仅仅是接收器，调到了能够接收灵性"无线电波"的频道。他们可以擦拭窗户的玻璃，他们可以提升他们的接收能力，但是他们清楚光源是来自外面，远远超出他们认知范围的地方。

所有这些不过是一种表达"超出人类理解范围的真理"的现代方式，而福音书的编撰者则试图以鸽子的形象来描述圣灵的降临。人所画的神"像"多种多样，但神启常在。神的概念以及信仰的形式会有差异和变化是很自然的事情，因为这些差异和变化产生自我们的心智，而有限的人类心智是无法理解神的无限的。但是我们能够很容易地感受到神，因为我们无需像思考时那样，去构想什么东西。因此，神的灵就可以以一种更为直接的方式触及我们的心灵，于是我们从神那里获得了更纯净的气息。

我相信我们被赋予头脑是用来思考的——去寻找习俗和神话背后的真理。我倾向于认为这一恩赐是来自于一位人格化的神——就这个词最深刻的含义而言，这种创造力是源于更高的人格形式。

我们被赋予头脑是为了使用它，而最好的用武之地莫过于宗教思想了。但是我们应该谦逊地承认可能存在不同的道路，并且对其他道路上的行者抱有共情之心。宗教教义和人类历史中的难解之处常常使富有思想的人进入无信仰的状态。但就我个人而言，我发现如果人们能记得这些教义和历史是由人类解释者所编写，而人类又很容易犯错，那么这种困难就不复存在了。

一旦认识到这一点，即使科学和历史表明许多宗教记录并不是事实，也就无关紧要了。重要的是精神真谛而非物质上的事实。如果人们不把《圣经》当作世俗意义上的历史记录，而是将其视为宏大的神圣寓言，这些怀疑就会变得不那么重要。教会担心，如果《创世记》被证明在事实上是错误的，信仰会经不起这样的冲击。由于它不愿意接受这种可能性，教会的所作所为不仅动摇了人们对宗教的信仰，更动摇了对教会本身的信任。现在回想起来，它的恐惧似乎和它的论点一样荒唐可笑。然而，它现在同样害怕承认《新约》中的大部分内容是没有历史根据的。

如果我们声称相信圣灵，那么我们就应该有足够的信心，在宗教观念的演变过程中依赖于它的指引。我研究和思考得越深入，就越深刻地感觉到，所有伟大的宗教和哲学思想家最终都趋于殊途同归——这与完全一致是不同的。换一种说法就是，在我看来，人类整体的精神发展就像一座金字塔或一座山峰，他们攀登得越高，上升的路线就越向着一点汇合。

一方面，这种趋同的趋势以及较高层次上惊人的一致，对我来说是最有力的经验论据，证明了道德是绝对的而不仅是相对的，而且宗教信仰也不是一种妄想；另一方面，在我看来，这也是人类进一步提升最令人鼓舞的保证——只要那些追求精神真理的人认识到他们基本的精神共性，并且学会充分利用他们的一致之处，而不是一味地强调他们的差异和唯一性。

要建成这一精神联合体显然是很困难的，而人类文明所面临的危险已迫在眉睫。时间所剩无几，因此将避免发生世界性灾难的希望寄托于宗教的复兴——即便是广义的宗教——似乎是不现实的。我们也必须记得，宗教只对少数人而言是一种强烈的精神力量。对于多数人来说，它的影响力主要在于它的思想和行为模式。不过恰恰是这种思考为人类带来了一线希望。思想和行为上的部分改变也许并不意味着精神上的转变，但是却足以使人类获得恢复平衡的喘息空间，同时也使宗教更加深入人心。

历史证明了这种适度的希望是合理的。在西方，基于道德价值的行为准则已经两次拯救了我们的文明。在带领欧洲走出黑暗的中世纪时，对骑士精神的崇尚和教会的努力，它们所起的作用不相上下。第二次是在 17 世纪的灾难性战争之后。教会分裂所导致的宗教狂热的暴力使得这些战争愈演愈烈。人们逐渐认识到暴力的致命后果，并养成了克制的习惯。

在世界的另一边，人们从公元前 6 世纪开始就已经认识到了这一真理，并进行了更为系统化的应用。孔子及其追随者们通过教导"礼"帮助拯救了中华文明，并使其焕发了前所未有的生机。我们西方人应该好好向儒家智慧学习，如何重视并培养良好的习惯和美好的心灵。儒家思想认为，好的举止（礼）与好的道德（义）之间有着密切而互补的关系。

行为举止容易被当成是一种表面文章。这种观点是肤浅的，它们源于内在的控制。当今世界需要重新认识它们的重要性，它们的重建有可能拯救文明。因为只有更深层次的行为举止——为了彼此的安全而共同克制——才能控制住因政治和社会问题而大发雷霆的风险。在核时代，这很可能使大家同归于尽。

基督教强调的是"改变心意"，因而难免会忽视改变习惯的重要性。一时的改变心意比改变习惯要容易，但是深刻而永久性地改变心意就困难得多了。记录显示，基督教所要求的改变是如此彻底，以至于远超出了信徒们的能力。只要信仰得以保持，教会就满足于行为方式的细微改善。为了理想，改变行为的可能性被忽略了。

从人性的角度说，儒家思想更为明智。它对于经验真理的认识和运用，要好于基督教教义。亚里士多德将这一真理概括为："借由重复某种特定行为，人们获得某种特定品质。"同时，中国人自己似乎发现儒家思想"还不够"，因此常常将佛教与道教和儒家思想相结合。它们提供了人类想要的更具灵性的元素。

西方人倾向于强调积极的价值："无论何事，你们愿意人怎样待你们，你们也要怎样待人。"[1] 而东方人则强调消极的价值："己所不欲，勿施于人。"积极价值和消极价值都是必要的。"黄金法则"是所有宗教所共有的，世界需要一个更好的平衡以应用这一法则。所有的信仰都可以为实现上帝的旨意做出自己的贡献。

---

① 出自《马太福音》7：12。"whatsoever ye would that men should do to you, do ye even so to them." ——译者注

结　语

　　19 世纪时人们对人类进步所抱有的乐观心态，在今天看来是那么的怪异。1851 年伦敦的万国博览会在水晶宫开幕时，这种乐观心理达到了顶峰。那次博览会被视为黄金时代的序幕——一个由科学技术进步保驾护航的、日新月异的和平繁荣的时代。那个梦想已经变成了一场噩梦，这不是没有原因的。所有实现梦想的物质条件都已经发展到了超出预期的程度，而有潜力实现梦想的新的几代人却走上了毁灭的歧途。这里面的前因后果可以归纳为一句古老的谚语："住在玻璃屋子里的人不要乱扔石头。"

在疯狂的相互毁灭将人类的幸福前景破坏到无法修复的程度之前，人类能否吸取这一教训呢？最好的机会也许就在于，要更深入地了解现代战争，同时认识到大家对战争的失控都负有责任。战争手段的发展已经远远超过了思想的进步。

在过去的一百年里，科学和技术的发展给人类的物质条件和生活用品带来的转变，比过去两千年所产生的变化还要大。然而当人们把这些惊人的新力量用于战争时，他们像使用原始工具的祖先一样不顾后果，而且他们也追求同样的传统目标，但不顾后果是多么的不同。实际上，交战中的现代国家的政府已经不再考虑战后的结果。而过去的政治家则足够明智，时刻牢记着这一点，因而导致了18世纪时对战争手段的自我设限。现代国家已经回到一个更为原始的极端做法——类似于以矛和刀为武器的野蛮部落之间的战争——而此时它们已经拥有了科学所赋予的远程大规模毁灭性武器。

战争病菌在"为达目的可以不择手段"这一方便

理念中找到了落脚点。每代人都在重复这个观点，然而后人却有理由说，前人以这种方式所追求的目标从来都不是正当的。如果说应该从历史当中得到一个明显教训的话，那就是坏的手段会使目标走样，或者在方向上发生偏差。我想提出的推论是，如果我们注意手段的选择，那么就不必担心目标的实现。

相对于其他手段，某种特定手段的实际价值也许可以证明对此种手段的狂热信心是合理的，但是这种信心会使人不能认识到，取消这种手段对实现目标的贡献更大，因而又是错误的。例如，第二次世界大战的战争实践证明了，那些在第一次世界大战后认为坦克是第一要素的军人是正确的——那些将坦克视为各兵种联合作战中的主力而不是完全独立作战的人更是正确。同时他们也能够认识到，总的来说，全面废除坦克对渴望和平的国家更为有利。因为对任何进攻潜能的破坏都有利于防御，从而促进了和平。

真理是一个螺旋形的楼梯。在某个层次上看起来真实的事情在下一个更高的层次上可能就不真实了。

一个完整的视野必须在横向和纵向两个方面延伸——不仅要看到彼此相关的各个部分，还要包括不同的层面。

沿着螺旋上升可以看到，个体安全随着社会的发展而提升，与更广泛的组织相联结会提高局部地区的安全，民族主义的消退反而会促进国家的安全，而如果每个国家所主张的主权能够并入一个超国家机构，国家安全就更能得到大幅的提升。科学在缩减时空方面的每一次进步，都在强调政治一体化和公共道德的必要性。核时代的到来使得这种进步变得更为重要和紧迫。要实现它，需要在心灵和思想的层面同时发生转变。

不择手段地追求目标是徒劳无益的，其次是试图用强迫的手段追求进步。历史已经多次表明，这种做法会引起反作用。历史也表明，更为安全的方式是培养和传播进步的观念——为人们提供指路的明灯，而不是驱策的皮鞭。对思想的影响一直是历史上最具影响力的因素，但由于它不如行动那样效果明显，因此受到的关注也较少，甚至连历史写作者也不太关注它。

现在的共识是，人类所有的进步都应归功于人的思维能力，但是相对于恢宏的行动，思想方面的贡献还没有得到充分的承认。从比例上看，比起会破碎的有形建筑、会崩溃的国家征服，以及会在反弹中终结的运动，人类思想中最微小的永久性扩展都是更为伟大的成就和追求。

在精神领域的征服过程中，重要的是步步为营。就某种思想的传播和持久性而言，它的发起者对于接受者和传播者自我成长的依赖，要远远超过一项行动的策划者对执行者的依赖。在物质领域中，服从可以代替合作，尽管不尽如人意，却能够产生有效的行动。而思想的进步——真正的进步——则取决于更高程度和更高层次的合作。

在这个领域，领导者也许仍然是必不可少的，但是他不是通过压制个性和思想分歧将个人融入集体，他所提供的领导仅仅具有与个性提升和思想扩张成正比的照明作用。对于集体行动而言，只要大众是可管理的就足够了；但集体成长只有借助个体心智的自由和壮大才有可能实现。重要的不是一个人，更不是大众，而是许多个个体。

一旦认清每个人在促进或阻碍进步中的集体重要性，历史所包含的经验便不仅仅具有政治意义，还具有了个人意义。作为对人生的指导，个人可以从历史中学到什么？答案不是要做什么，而是为了什么而奋斗，以及什么是奋斗中应该避免的东西。还有就是言行得体的重要性和内在价值，以及认清事物的重要性，尤其是要认清自己。

用渴望看清真理的慧眼面对人生，并且洁身自好地度过此生，在追求生命的最大价值时顾及他人，这本身就是一种志向，而且是崇高的志向。只有当一个人朝着这个目标前进时，才能意识到需要付出什么样的努力，以及路途是多么的遥远。

奇怪的是，人们为何会假设在追求真理时不需要训练。更加奇怪的是，恰恰是那些高谈确认真相是如何困难的人，却常常做出这样的假设。我们应该承认，任何追求真理的人所需要的小心谨慎和训练，至少与拳击手和马拉松运动员的不相上下。他必须学会使他的思想脱离所有的欲望和利益，脱离所有的同情和反感——就像剔除多余的身体组织，而为了自身的舒适和防护，所有人都有积累这种虚假"组织"的倾向。他必须保持健康，而且还要日益健康。换句话说，他必须忠于他所见的光。

他也许认识到世界是一个丛林，但是如果他已经明白，假若礼义与仁爱的朴素原则得到普遍的应用，这个世界对每个人都会更好，那么他就必须真诚地实践这些原则，始终如一，就好像它们已经被普遍奉行一样。换句话说，他必须追随他所见的光。

不过既然他是要追随光穿越丛林，他就应该牢记大约两千年前那十分实用的指示："我差你们去，如同羊进入狼群；所以你们要灵巧像蛇，驯良像鸽子。"①

———————————

① 出自《马太福音》10：16。"Behold, I send you forth as sheep in the midst of wolves: be ye therefore wise as serpents, and harmless as doves."——译者注

图书在版编目（CIP）数据

战争的底层逻辑：战略大师李德·哈特的历史哲学/（英）李德·哈特著；孙芳译 . -- 北京：台海出版社，2021.6（2022.8重印）

书名原文：Why Don't We Learn From History?

ISBN 978-7-5168-2993-6

Ⅰ.①战… Ⅱ.①李… ②孙… Ⅲ.①战争史—历史哲学—研究—世界 Ⅳ.① E19

中国版本图书馆 CIP 数据核字（2021）第 075056 号

战争的底层逻辑：战略大师李德·哈特的历史哲学

著　　者：[英] 李德·哈特		译　　者：孙　芳	
出 版 人：蔡　旭		封面设计：安　宁	
责任编辑：王　萍			

出版发行：台海出版社

地　　址：北京市东城区景山东街 20 号　　邮政编码：100009

电　　话：010-64041652（发行、邮购）

传　　真：010-84045799（总编室）

网　　址：www.taimeng.org.cn/thcbs/default.htm

E - m a i l：thcbs@126.com

经　　销：全国各地新华书店

印　　刷：河北华商印刷有限公司

本书如有破损、缺页、装订错误，请与本社联系调换

开　　本：880 毫米 ×1230 毫米　　1/32

字　　数：105 千字　　　　　　　印　　张：7.875

版　　次：2021 年 6 月第 1 版　　印　　次：2022 年 8 月第 2 次印刷

书　　号：ISBN 978-7-5168-2993-6

定　　价：55.00 元

版权所有　翻印必究

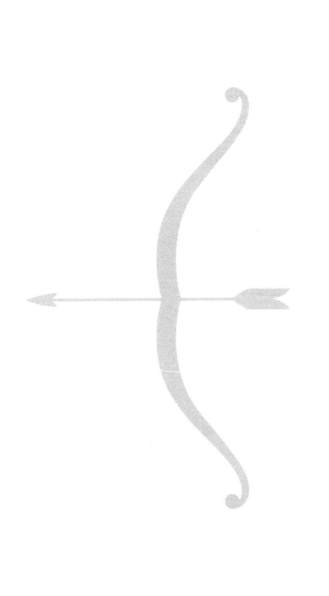

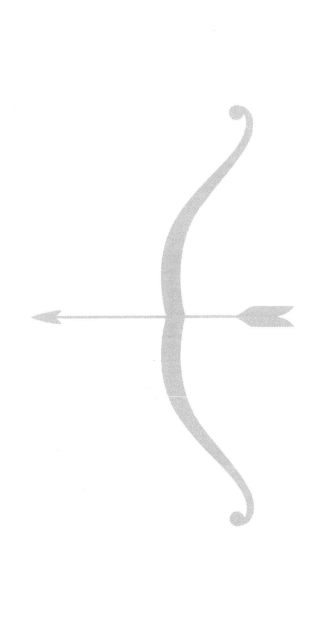